小柄な大人の春夏秋冬

ベーシックスタイル手帖

石岡真実

扶桑社

004　はじめに

010　Chapter 1 SEASONAL OUTFIT　季節の装い

012　SPRING 春の装い
022　SUMMER 夏の装い
034　RAINY DAYS 雨の日の装い
040　AUTUMN 秋の装い
050　WINTER 冬の装い

064　Chapter 2 MY STANDARD 定番アイテム

agnès b. のスナップカーディガン
Uniqlo U の T シャツ
Hanes for BIOTOP のタンクトップ
CONVERSE の ALL STAR
VASIC のミニバッグ
Zoff のメガネ
AURORA GRAN のクロスネックレス
bamford のインセンス ウィローディフューザー
UNDERSON UNDERSON のアンダーウェア
TEKLA のオーガニックコットンタオル
フードデザイナー・中本千尋さん × CIROI のエプロン
Madu のハンガリアンワイングラスと木村硝子店のグラス

078　Chapter 3 HOW TO USE GOODS 小物使い

BAG バッグ
SHOES シューズ
HAT ハットとキャップ
SCARF スカーフ
GLASSES メガネとサングラス
ACCESSORIES アクセサリー

094 Chapter 4 HAIR & MAKE ヘアメイク

ダウンスタイル
ナチュラルスタイル
ハーフアップスタイル
お団子スタイル
マスクスタイル
カチューシャスタイル
ヘアケアアイテム
行きつけサロン

108 Chapter 5 POLISH UP MY SENSE センスの磨き方

ファッションのセンス
Books & Web / Shop /
Friends フードデザイナー・中本千尋さん & ディレクター・金子麻貴さん

暮らしのセンス
Books & Web / Shop

122 セルフスナップ

124 おわりに

126 SHOP LIST

column

038 毎日欠かさない、私の日課
062 家族と暮らすインテリア
092 笑顔を作る毎日の料理
106 結婚7年目、夫と作るしあわせ
120 〝オカン〟としての私

はじめに

マミフク

私はアパレル会社に10年間勤めたあと、フリーランスでさまざまな企業のPRやディレクションのお手伝いをしています。そして、もうすぐ5歳になる男の子の母さんでもあります。

たまたま私のインスタグラムの投稿を見てくださっていた出版社の方から、この本のお話をいただいたときには「本当に私でいいのだろうか」と戸惑いがありました。でも約8年前にプライベートで開設したインスタグラムのアカウントは、ありがたいことにいつしか「#マミフク」のコーディネートを楽しみにしてくださるフォロワーさんが増えていました。なので、これを機に今までお見せできていなかったコーディネートをご紹介できたらなと思い、私ごときではありますが出版させていただくことになりました。

インスタグラムでは見られないマミフクをぜひ楽しんでいただけたら、母さん、うれしいです。

SEASONAL OUTFIT

季節の装い

バランスよく見せる丈感や、スタイリッシュに見える自分に似合う
色が分かると、自然と服選びが楽に。心もふわりと軽くなる。

春の装い

つかず離れずのサイズ感が心地いい
この季節は

春の風を感じる気持ちいい季節は、立体的なシルエットが小柄な上半身をカバーしてくれるオーバーサイズのシャツが定番。華奢なパンツ×靴でバランスを取ったり、タンクトップをインしてメリハリをつけるのがマイルール。

シンプルかつ
濃いめの色で引き締める

春夏でも明るめの色柄よりダークな
色をチョイスするとスタイリッシュ
に見え、低身長もカバーできる。一
生の相棒とも言えるボーダーのカッ
トソーも黒でまとめると統一感が。

Tops	SAINT JAMES
All-in-one	aluna
Bag	VASIC
Shoes	Maison Margiela
Socks	Hanako
Eyewear	Zoff
Pierce	MON

シンプルコーデも黒で統一すると洗練された印象に。

Point 2
← ONE-TONE COORDINATE

メガネは目線が上にいくのでスタイルアップ効果も。

Point 1
EYEWEAR →

クリーンなワンピースは
スニーカーではずしを

さらっと一枚で着るだけでサマになる便利なワンピースは、ウエストがシェイプされていて細見え＆脚長効果も。スニーカーも素足で履くと抜け感が出てバランスよく仕上がる。

One-piece	#Newans
Inner	#Newans
Bag	JAMIRAY
Shoes	NIKE
Pierce	MON

ラフに持てる小ぶりなバッグは軽やかで垢抜けた印象に。

Point 1
BAG →

ダッドなスニーカーはソールも厚めでグッドバランスに。

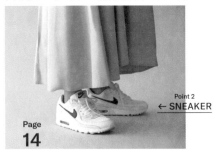

Point 2
← SNEAKER

マミフク

着る人を選ばない
優秀Tシャツを味方に

型からオーダーしたブランドとのコ
ラボTシャツはいかり肩となで肩、
両方の人にフィットする優秀選手。
インして高めにウエストマーク、足
元はピンヒールで脚長効果を狙って。

Tops	RITA JEANS TOKYO コラボアイテム
Bag	THE ROW
Bottoms	YANUK
Shoes	Manolo Blahnik
Earrings	ELLE SHOP で購入

シンプルな洋服は存在感のあるアクセで目線を上に。

Point 2
STILETTO HEEL →

脚長効果抜群のストラップはもはや定番シューズに。

Point 1
EARRINGS →

ジャケット×タンクトップの
ヘルシーな組み合わせ

直線要素のあるV開きの背中で
後ろ姿もスマートに

背中開きのアイテムを選ぶなら、シルエットが引き締まって見えるV開きを選ぶのが正解。ほどよく体にフィットするトップスのリブ素材は着心地も抜群で、細身のシルエットが叶う。

One-piece		regleam
Bag		GIANNI CHIARINI
Shoes		Maison Margiela

ノーブルな雰囲気で、大人っぽく仕上げてくれるネイビーのジャケットはワードローブの必需品。インナーのタンクトップで抜け感を出しつつ、パールのネックレスで上半身にポイントを持たせて。

Outer		green label relaxing
Inner		無印良品
Bottoms		vintage Levi's 501
Bag		THE ROW
Shoes		Maison Margiela
Necklace		母からのお下がり
Pierce		MON

マミフク

ボリュームブラウス×
黒パンツで足し引きを

甘めワンピースに
かっちりアウターをオン

フェミニンな雰囲気のワンピースにアウターを一
枚羽織るだけで、ハンサムな印象がプラスされ
コーデの引き締め効果も。シューズでカジュアル
ダウンして、メリハリを作って。

One-piece	Brown&Street
Outer	green label relaxing
Bag	elleme
Shoes	CONVERSE
Eyewear	Zoff
Earrings	islen

背中にリボンがあしらわれたボリュームたっぷり
のスリーブがかわいいブラウスを、シンプルなパ
ンツにインしてメリハリを作って。足元は肌が合
間からのぞくフラットサンダルで抜け感を。

Tops	regleam
Bottoms	RITA JEANS TOKYO
Bag	elleme
Shoes	BIRKENSTOCK
Pierce	MON

Very Healthy!

Nice
Mix
Coordinate

Very
Big Shirt

メンズのSサイズを賢く活用

ビジネスのシーンでもヘルシーなのが理想

3

かごバッグ×スポサンでシンプルコーデを味つけ

2

1

| 3 |

重たく見えがちなモノトーンコーデも、肌を見せる部分を作ることでスタイルアップ＆ヘルシーに仕上がる。シューズはピンヒールでバランスを整えて、エレガントさをプラス。

Tops		agnès b.
Bottoms		UNIQLO
Bag		YOUNG&OLSEN
Shoes		Manolo Blahnik
Inner		#Newans のノベルティ
Headband		ALEXANDRE DE PARIS
Necklace		AURORA GRAN
Pierce		MON

| 2 |

ワンマイルコーデも合わせる小物で表情がチェンジ。かごバッグにスポサンをミックスして抜け感を作れば技ありカジュアルに。淡いボトムスは濃いめのトップスで引き締め。

Tops		Abel
Bottoms		Drawer
Bag		menui
Shoes		Teva®
Pierce		MON

| 1 |

メンズのSサイズのクリーンな白シャツはあえてウエストインせずにサラッと着こなしたい。ボトムスもオーバーサイズのパンツを合わせて縦のラインを意識すれば好バランスに。

Tops		UNIQLO×JIL SANDER
Bottoms		Abel
Bag		JAMIRAY
Shoes		Repetto
Pierce		MON

マミフク

Girly
One-piece

Want to be
like Hepburn

Good Balance

ふんわりボリュームワンピは
シルバーアクセで引き締め

オールユニクロでシルエット美人に

ビッグシャツ×ショートパンツで目線を上に

5

6

4

| 6 |

永遠の憧れ、オードリー・ヘプバー
ン風スタイル。上下アイテムは全部
ユニクロ！ 体にフィットするTシャ
ツやウエストシェイプされたスカー
トで華奢で上品な印象に。

Tops	UNIQLO
Bottoms	UNIQLO
Bag	menui
Shoes	Repetto
Eyewear	Zoff
Bracelet	Nothing And Others
Pierce	MON

| 5 |

ときには思いきりガーリーなワンピー
スを着てみたい気分。甘くなりすぎ
ないようラフなフラットサンダルを
合わせたり、シルバーアクセでニュ
アンスをつけて洗練見えを狙って。

One-piece	MAISON SPECIAL
Bag	JAMIRAY
Shoes	ATP ATELIER
Eyewear	Zoff
Bracelet	Nothing And Others
Pierce	MON

| 4 |

ダボッとしたシャツからチラリと見
えるショートパンツがこなれた感じ
に仕上げてくれるカジュアルコーデ。
ショートパンツを合わせれば脚を見
せる面積が増え、自然と脚長効果が。

Tops	#Newans
Bottoms	RITA JEANS TOKYO
Bag	THE ROW
Shoes	Manolo Blahnik
Pierce	MON

クライアントと打ち合わせ。クリーンなREYCのシャツがオンにもオフにも活躍。ショートパンツは素足を多めに見せて美脚効果。

Chaco closetのボックスワンピでいざスーパーへ。リラックスしたシルエットは体のラインを拾わないデザインがうれしい。

スタジオで終日撮影の日。お気に入りのTraditional Weatherwearのビニール傘で雨の日コーデのカットを撮影。カーディガン肩掛けで華奢見えを狙って。

ママ友とカジュアルランチ。ワイドな美シルエットのデニムは友達の中川珠里とSonny Label×Monâmeがトリプルコラボしたもの。

CAVEZA ROSSOのパンツを穿いて映画館へ。ゆるやかなフレアで美脚効果もあるパンツは長時間座っていても疲れないアイテム。

Zoffのメガネに、Aresenseの着心地のいいジャケットを羽織って、いざお仕事へ。ジャケットと同系色のインナーで統一感アップ。

春の装い
(OTHER COORDINATE)

春の気配を感じたら、装いもフレッシュなものを。この季節は特にオンでもオフの日でも活躍するシャツの出番が多め。上半身にボリュームを持ってくればスタイルアップの近道に。パンプスやサンダルの日は足の甲をすっきり見せるのも忘れずに。

マミフク

Day 8

この日もリップひとつで出かけたご近所日和なコーデ。SHINZONEのキャロットデニムでシルエット美人に。ヘアも無造作にコンパクトにまとめて。

Day 9

ZARAのワンピースで思いっ切りドラマティックに。足元は足袋ブーツで引き締め。代官山でお茶＆お買い物して、久しぶりに自分時間を満喫。

Day 7

ちょっとそこまでのお出かけ。バッグはかさばらないL'arcobalenoのショルダーを斜め掛けに。ミニバッグはスタイルアップの強い味方。

RIBOUのバックシルエットがかわいいシャツをさらっと着れば一枚でサマになるコーデが完成。家族で公園巡りをする日はカジュアルなクリアサンダルで。

Day 10

Day 12

完全オフの日。KEnTeのルームウェアを着たコーデのまま、近所のカフェへ駆け込んだ日。足首を見せて抜け感を作って。

Day 11

仲間とランチへ。#Newansのストライプのシャツで清潔感を。ボトムスはタイトが定番。GUCCIのシューズとTHE ROWのバッグを合わせて。

夏の装い

シンプルなおしゃれが
もっとも輝く季節

日差しがまぶしい夏。スタメン選手のタンクやTシャツをインしてスタイルアップしたら、サングラスやかごバッグを味方に暑い日ならではのおしゃれにトライ。二の腕や素足など、ほどよく肌を見せて抜け感のあるヘルシーさを作るのが、私らしい着こなし方。

肌見せショートパンツも
センタープレスで縦ライン意識

とにかく汗をかく夏。コンパクト
でさらっとした装いが理想だけど
スタイルアップも叶えたい。カ
ジュアルなTシャツもロールアッ
プしてメリハリを作ったり、パン
ツはセンタープレスで縦ラインを
強調すると垢抜けた印象に。

Tops	RITA JEANS TOKYO コラボアイテム
Bottoms	RITA JEANS TOKYO コラボアイテム
Bag	menui
Shoes	Repetto
Eyewear	BLANC × TOMMOROWLAND
Pierce	MON

ダークな色合いのサングラスは引き締め効果も。

Point 2
SUNGLASSES →

Point 1
BASKET BAG →

モノトーンもかごバッグをインすればコーデにリズムが。

一枚だと肌が露出しすぎてしまうワンピースも同色のタンクを合わせれば安心。

Point 1
BACK STYLE →

Point 2
← BAG

ぼんやり見えてしまいがちなウエストもモノトーンの小物で引き締め効果が。

ウエスト高めのワンピースは
脚長＆メリハリ効果

体のラインをきれいに見せてくれるウエスト位置高めのワンピースで美シルエットに。タンクトップをインすれば肌の露出も多すぎず、デイリーにも着られる。膨張色の白には黒いバッグ＆シューズを合わせて洗練効果を狙って。

One-piece	Abel
Inner	#Newans ノベルティ
Bag	Bottega Veneta
Shoes	ATP ATELIER
Pierce	MON

マミフク

抜け感たっぷり
大人の夏カジュアル

夏全開！ヘルシーなタンクトッ
プをデニムにインして華奢見えさ
せ、体のラインを潔く出したスタ
イル。一見カジュアルだけれど、同
系色のバケットハットを合わせた
り、ビーサンからフレンチネイル
をのぞかせたり、こだわりを随所に。

Tops	UN/BALANCE
Bottoms	aluna
Bag	THE ROW
Shoes	fipper
Hat	KIJIMA TAKAYUKI
Bracelet	Nothing And Others
Necklace	AURORA GRAN

Point 1
BUCKET HAT →

深めにかぶったバケットハットでこなれた表情に。

ネイルはクリア×ホワイトが定番。カジュアルにもマッチ。

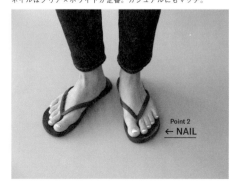

Point 2
← NAIL

シアーな素材は
バランスアップの味方

ウエスト高め＆
センタープレスでバランスアップ

タンク一枚にパンツというシンプルなコーデはウ
エスト位置高めのきれいめパンツで脚長＆細見え
効果を狙って。サングラスや柄バッグで遊び心を
プラスするのも忘れずに。

Tops	UN/BALANCE
Bottoms	regleam
Bag	JAMIRAY
Bracelet	Nothing And Others
Shoes	Manolo Blahnik
Eyewear	BLANC×TOMMOROWLAND
Pierce	MON

ロングワンピースも裾がシアーなものをセレクト
すれば軽やかで涼しげに。クリアなサンダルは暑
い季節に手放せない相棒的シューズ。足元に清涼
感をプラス、コーデに抜け感を作ってくれる。

One-piece	EUCLAID
Bag	VASIC
Shoes	GALERIE VIE
Necklace	AURORA GRAN
Pierce	islen
Bracelet	Anthem for the senses

マミフク

万能選手のモノトーンは
小物で味つけ

シンプルな夏コーデも
小技を効かせて

体のラインを拾いすぎないラフなサイズ感と着まわし力抜群のスリーブレスTシャツは色違いで大人買いしたい。フレッシュなピンクのパンツはタック入り＆足首見せでバランスよく見せてくれる。

Tops	Hanes for BIOTOP
Bottoms	DRAWER
Bag	JAMIRAY
Shoes	fipper
Eyewear	BLANC×TOMMOROWLAND
Pierce	MON

シーンを選ばず活躍するモノトーンの上下は合わせる小物で表情に変化が。カジュアルなバケットハットからチラリと顔をのぞかせると、逆に女性らしさが出るから不思議。ビーサンで抜けを作って。

Tops	ATON
Bottoms	JIL SANDER
Bag	menui
Shoes	fipper
Hat	KIJIMA TAKAYUKI

リゾートスタイルも
Tシャツインでタウンユースに

とことんコンパクトで
スタイルアップを狙う

夏になると必ず身につけたくなるリゾートワン
ピースはオールブラックでコーデを引き締めて。
Tシャツをインして露出を少なめに、上質な小物
がおしゃれ心を盛り上げてくれる。

One-piece	COS
Tops	JAMES PERSE
Bag	GUCCI
Shoes	ATP ATELIER
Pierce	MON

シンプルで汎用性の高いクルーネックTシャツに
タイトなデニムをオン。スタイリッシュながらも
どこか余裕を感じさせるコーデ。存在感たっぷり
のバロックパールイヤリングで目線を上に。

Tops	JAMES PERSE
Bottoms	aluna
Bag	agnès b.
Shoes	Maison Margiela
Eyewear	Zoff
Necklace	AURORA GRAN
Pierce	ELLE SHOP で購入
Rings	代官山の NOJESS(人差し指)、TEN.(小指)

マミフク

ウエストインがMY定番
ゆったりシルエットのボトムは

デコルテ見せで
ヘルシー夏コーデ

デコルテが大きく開いたトップスにボリュームあるパールをオンすれば、縦のラインもプラスされて洗練された印象に。ショートパンツはオンでも活躍するタック入りが正解。

Tops	agnès b.
Bottoms	RITA JEANS TOKYO コラボアイテム
Shoes	ATP ATELIER
Bag	agnès b.
Eyewear	Zoff
Necklace	Ron Herman で購入
Pierce	MON

存在感たっぷりのギャザーの入ったボリュームスカートは、合わせるトップスをコンパクトに。素材感の異なるカジュアルなロゴ入りTシャツを合わせれば旬なムードに仕上がる。

Tops	RITA JEANS TOKYO コラボアイテム
Bottoms	green label relaxing
Bag	JAMIRAY
Shoes	BIRKENSTOCK
Pierce	MON
Ring	TEN.（小指）

T-shirt &Denim

Chic Monotone Style

Summer Has Come!

Tシャツ×デニムの黄金コンビ

テーマは少年の夏休み

抜け感たっぷりの夏全開コーデ

3

2

1

| 3 |

シンプルな白Tシャツとデニム。スタイリングの決め手はしっかりした素材のTシャツと小物選び。ピンヒールで足元に華奢さを足したり、バロックパールで顔まわりを華やかに。

Tops	UNIQLO
Bottoms	RE/DONE
Bag	elleme
Shoes	Manolo Blahnik
Pierce	ELLE SHOP で購入

| 2 |

ビッグシャツにショートパンツというカジュアルスタイルもモノトーンでまとめればコンパクトに。小物もモノトーンで統一。足元はクリアなサンダルで軽やかさを演出して。

Tops	ATON
Bottoms	UNIQLO
Bag	THE ROW
Shoes	GALERIE VIE
Eyewear	Zoff
Pierce	islen

| 1 |

定番のタンクトップとデニムの組み合わせもハイウエスト＆ロールアップしたデニムとシックなカラーのトップスなら野暮ったくならない。小物で思い切り夏っぽく。

Tops	無印良品
Bottoms	regleam
Bag	menui
Shoes	fipper
Hat	mont-bell
Eyewear	BLANC × TOMMOROWLAND
Necklace	AURORA GRAN
Pierce	MON

マミフク

Very
Simple&Stylish

Trend
Color T-shirt

Love Good
Material

ノースリーブもモノトーンですっきり見え

上質なクルーネックTシャツは差し色をチョイス

艶のあるTシャツで上品コーデに

6

5

4

| 6 |

ほどよい抜け感と涼しさを演出してくれるノースリーブ。二の腕が気になるという人も、モノトーンを選べばすっきり着こなせる。サイドのスリットで華奢見え効果もアップ。

Tops	ATON
Bottoms	Abel
Bag	Bottega Veneta
Shoes	Maison Margiela
Bracelet	Anthem for the senses
Pierce	MON

| 5 |

季節を選ばず活躍する定番のクルーネックTシャツは、旬なカラーを選べば今っぽく、目線も上にいくので低身長カバーも。小物はシックな黒のレザーでまとめて統一感をキープ。

Tops	PETIT BATEAU
Bottoms	regleam
Bag	agnès b.
Shoes	ATP ATELIER
Eyewear	BLANC×
	TOMMOROWLAND
Pierce	MON

| 4 |

シンプルなTシャツ×パンツもTシャツの素材を厳選すると洗練見えが叶う。合わせるバッグもミニのクラッチ風とサブバッグのトート2個持ちで、おしゃれ度アップ。

Tops	UN/BALANCE
Bottoms	6（ROKU）
Bag	Bottega Veneta
Shoes	ATP ATELIER
Tote bag	UN/BALANCE
Eyewear	Zoff
Pierce	MON

テラスのあるカフェでお仕事へ。SLOBE citron.のロゴが入った白Tシャツはお気に入りでこの夏のヘビロテアイテム。スカートは縦ラインを意識。

Day 1

Day 2

Day 3

NIKEのTシャツをさらっと一枚で。裾をデニムにインすらしたくないほど暑かった日。埼玉のばぁばのおうちへ家族揃ってお出かけ。

2色買いしたATONのタンクはサイドスリットで華奢見え効果も。ご近所さんと赤提灯でハイボール&焼き鳥で乾杯！

天気がよすぎて、代々木上原のパン屋へ。COSの目が覚めるほどのブルーのワンピで二の腕をよく見せて抜け感を。

Day 4

Day 6

Day 5

この日はお友達とコストコにお買い物へ。落ち着いた色合いの無印良品のタンクトップはかなり使えて重宝。ウエストインしてすっきり見えを狙って。

夏の装い

(OTHER COORDINATE)

大好きな夏が到来！　近所へのお散歩や子どもとお出かけする日は楽チンなのにシルエットをキレイに見せてくれるロングワンピが大活躍。タンクやTシャツはウエストインしてスタイルアップがルール。お気に入りのTシャツはまとめ買いするのがお約束。

シンプルなコーデの日こそ、Manolo Blahnikのハンギシでメリハリを。この日は三宿のカフェへふらっとお茶しに。

マミフク

SUMMER

Day 8

Day 7

日焼け防止と、ボサボサの髪の毛をすっぽり
カバーしてくれるKIJIMA TAKAYUKIのハッ
トで目線を上に。海の近くのカフェへ。

alunaのビッグTを着て、さあ出発。バタバ
タするお迎えの日はさらっと着てもサマにな
るこんなアイテムがとっても便利。

家族でプールへ行った帰り道。
気持ちよく泳いだ後もさらっと
着れるゆるいシルエットのシャ
ツワンピースは地元のデパート
でなんと1000円！

Day 9

Day 10

この日は自宅で撮影。UNIQLOの
UTは数えきれないほどワードロー
ブに定番入りしているアイテム。ハ
イウエストデニムと合わせて。

吉祥寺にでもお出かけしたいなってい
う妄想コーデを自宅で。EUCLAIDの
アイレット刺繍のロングワンピースは
黒小物でスパイスを足して。

Day 12

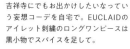

ビーサンにサングラスで夏全開の
アクティブな公園スタイル。セン
タープレスの利いたDRAWERの
ピンクのパンツが存在感たっぷ
り。ふらっと持ったかごバッグが
効いたコーデ。

Day 11

雨の日の装い

頼れる名品で雨の日もスタイリッシュに

憂鬱な雨の日も吹き飛ばすお気に入りのレインアイテムがあれば、気分も上がりそう。コーデに抜けを作るクリアな傘やポイントを上に持っていってくれる明るい色のコートで、雨の日も、心躍る。

クリアな小物で
雨の日も軽やかに

Point 1
← UMBRELLA

Point 2
← CLEAR
SANDALS

バンブーハンドルのリュクスなビニール傘と水にも強いラバーサンダルは雨の日の必需品。

ボーダーに黒パンツというフレンチトラッドなコンビは、雨の日でも清涼感のある着こなしに。合わせる小物は抜け感のあるクリアな素材で統一するのがルール。

Tops	Traditional Weatherwear
Bottoms	aluna
Bag	agnès b.
Shoes	GALERIE VIE
Umbrella	Traditional Weatherwear
Headband	ALEXANDRE DE PARIS
Eyewear	Zoff
Pierce	MON

Page
34

モノトーンコーデは
白いワンピで引き算を

Point 1
RAIN SHOES→

美しいロングスタイルが特徴の長
靴はパンツスタイルはもちろんワ
ンピースなどとも相性抜群。

スウェットに長靴と雨の日も軽快に動ける
コーデ。両アイテムともシックな黒と茶で重
たくなりがちなところに白いワンピースをオ
ンすれば、メリハリの効いたコーデに。

Tops	UNIQLO
One-piece	くらしと生協
Bag	L'arcobaleno
Shoes	MACKINTOSH PHILOSOPHY
Umbrella	Traditional Weatherwear
Pierce	MON

オーバーサイズコートを主役に
縦ラインを意識

Point 1
← SHOES

Point 2
UMBRELLA →

シューレースタイプのレイン
シューズとバッグ付きの折りたた
み傘はシーンを選ばず重宝。

どこかおじさんっぽいかわいい存在感のある
ステンカラーコートはオーバーサイズをチョ
イスして今っぽく。バッグ＆靴はミニマムな
黒で統一感アップ。

Outer	MACKINTOSH PHILOSOPHY
Bottoms	BEAUTY&YOUTH UNITED ARROWS
Bag	Bottega Veneta
Shoes	Traditional Weatherwear
Umbrella	Traditional Weatherwear
Pierce	MON

マミフク

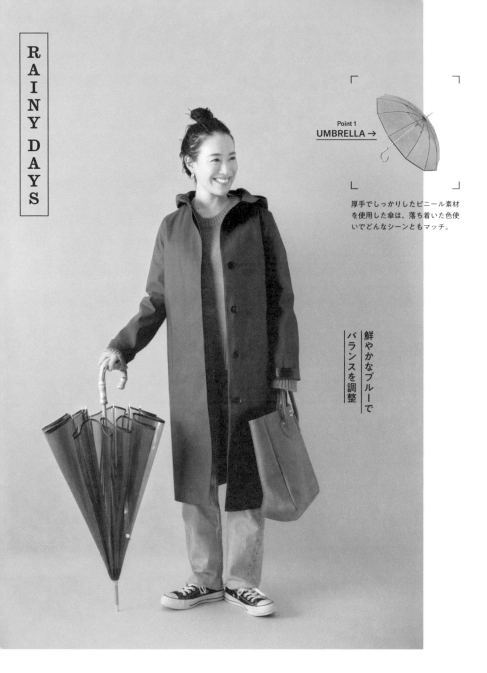

Point 1
UMBRELLA →

厚手でしっかりしたビニール素材
を使用した傘は、落ち着いた色使
いでどんなシーンともマッチ。

鮮やかなブルーで
バランスを調整

撥水加工が施されたデイリー使いにぴったり
のフード付きコートをチョイス。鮮やかなブ
ルーが目線を上に、顔まわりも明るくしてく
れる。動く日は定番コンバースで。

Outer	MACKINTOSH PHILOSOPHY
Tops	GALERIE VIE
Bottoms	vintage Levi's 501
Bag	YOUNG&OLSEN
Shoes	CONVERSE
Umbrella	Traditional Weatherwear
Necklace	AURORA GRAN
Pierce	MON

毎日欠かさない、
私の日課

笑っていると
たくさんいいことがある！

　その日がハッピーかどうかは朝起きたときの自分の表情で決まる、という自分だけのジンクスがあります。起きてまず鏡で自分の笑顔をチェック。口角が下がっていたら上げてみる。心の中で「今日も一日、素敵に過ごしましょう！」と唱える。これを心がけるだけで一日のスタートがびっくりするくらいスムーズにいくんです。

　それから愛用しているMIDORIの手帳をチェック。余白がたくさんあるもので、毎日のスケジュールや、何か思いついたこと、気になったこと、何でも書き留めています。だいたい殴り書きですが（笑）。スマホやPCでの管理方法もあるけれど、私はこれじゃないとダメなんです（笑）！ この手帳に出合ってから、仕事運がめちゃめちゃ上がったような気がします。

① リラックスと浄化のために、お香はマスト。松栄堂の芳輪 二条、玉初堂とDAMDAMがコラボレーションしたもの、この2つがお気に入り。お香立ては竹村良訓さんの作品。　② 最近はもっぱら土鍋ごはん。炊飯器の急速モードよりも断然早く炊けて、お米がつやっと美味しい。　③「いつも笑ってなさい。笑っているとたくさんいいことがあるのよ」が大好きな祖母の口癖でした。　④ MIDORIの手帳。忘れて出かけるとソワソワします。もう3冊目。　⑤ コロナ禍で電車に乗ることが減り、自転車移動に。相棒はパナソニックのGyutto20インチ。　⑥ インスタグラムのフォロワーさん、どんなコーデが見たいかな？と毎日考えています。

マミフク

②

①

④

③

⑥

⑤

秋の装い

重さと軽さ そのバランスを楽しみたい

おしゃれ欲が高まる季節。肌寒い日はニットで上半身にボリュームを持ってきたり、まだまだ暑い日は落ち着いた秋色のカットソーで季節感を演出したり、そのバランスを楽しむのが心地いい。足元や足首を出して抜け感を足し引きするのもいい。

装いにはずしを加えてくれるかご
バッグは秋のワードローブにも。

Point 1
BASKET BAG →

Point 2
BALLET SHOES→

グレー×黒のレディな装いに
白Tシャツでメリハリアップ

ほどよいハリ感とボリュームたっぷりのロングス
カートにシンプルなニットを合わせたしっとりレ
ディな秋らしい装い。白Tシャツを差し込んだり、
足元は素肌を見せれば、抜け感のある洗練コーデに。

Tops	UNIQLO
Inner	UNIQLO
Bottoms	M_
Bag	menui
Shoes	Maison Margiela
Pierce	ELLE SHOP で購入

重たくなりがちなコーデに抜け感を作る素
足×黒のタビシューズは、もはや定番。

オーバーサイズのシャツで
技ありハンサムに

クリーンで洗練されたスタンド
カラーのシャツにシンプルな
ニットをオン。シャツをインせ
ずざっくり裾だけ出してこなれ
感を演出。首元はタイトにまと
めてスタイルアップを狙って。

Tops	UNIQLO
Shirt	REYC
Bottoms	Sonny Label × Monâme
Bag	elleme
Shoes	MARNI
Eyewear	Zoff
Pierce	MON

Point 1
SHOES →

落ち着いた赤でコーデにアクセントを。素
肌で履くと上品かつフェミニンな表情に。

シンプルな装いにアクセサリー感覚でつけるのがルール。

Point 2
← EYEWEAR

マミフク

Point 1
BACK SYTLE →

肩ひもが広めのタンクトップをインすれば、
ヘルシーな着こなしが完成。

I ラインシルエットを意識

落ち感のあるリブ素材で、すっきりしたシルエット
のワンピース。V開きの背中はタンクトップをイン
すれば肌が露出しすぎず着られる。パープルのパン
プスで足元にアクセントをプラスして。

One-piece	M_
Inner	HYKE
Bag	J&M DAVIDSON
Shoes	Manolo Blahnik
Eyewear	Zoff
Pierce	MON

さらっと着られてロングシーズン着回せる
カーディガンは肌寒い日のお供に便利。

Point 2
← CARDIGAN

黒よりネイビーを選ぶのがMYルール

カーディガンも肩からさっと羽織れば腕のラインを
華奢に見せてくれ、女性らしさを演出してくれる。
上品で洗練された雰囲気に仕上げてくれるネイビー
は黒よりもワードローブの定番に。

Cardigan	UNIQLO
Inner	HYKE
Bottoms	RE/DONE
Bag	VASIC
Shoes	Manolo Blahnik
Necklace	AURORA GRAN
Pierce	MON

赤を一点投入で目線アップ

秋でも肌見せ効果で抜け感を作る

ざっくりニット×黒スキニーでバランスよく

いつものカジュアルスタイルを洗練
させるなら、差し色を一点加えてみ
て。他の合わせるアイテムを落ち着
いたトーンでまとめてカラーバラン
スの強弱を調整して。

Tops	UNIQLO
Bottoms	aluna
Bag	menui
Shoes	GUCCI
Stole	Acne Studios
Eyewear	Zoff

スウェット素材のようなニットは腕
を少しまくって手首を見せたり、
シューズを履くときは素肌を見せる
部分を作ると、抜け感が出て女性ら
しさも演出できる。

Tops	CABaN
Bottoms	RE/DONE
Bag	agnès b.
Shoes	Pretty Ballerinas
Stole	Acne Studios
Pierce	MON

トップスがオーバーサイズめなとき
はボトムはタイトにするなど、全体
のシルエットを計算して。ヘアも
きゅっとコンパクトにまとめれば、
さらにグッドバランスに。

Tops	OUD
Inner	UNIQLO
Bottoms	YANUK
Bag	elleme
Shoes	Repetto
Eyewear	Zoff
Pierce	MON

マミフク

やわらかワントーンはボリュームのある足元で引き締め

かっちり見せつつスウェットでラフに

イメージは大人のレディカジュアル

Iラインでシルエットをきれいに見せてくれるニットのワンピースにカットソーを合わせた白のワントーンコーデ。ほんわかしすぎないように、ボリュームのあるブーツで引き締めて。

One-piece	RUS
Tops	GALERIE VIE
Bag	JAMIRAY
Shoes	Bottega Veneta
Pierce	MON

黒のニットとカーデでかっちりした印象に見せつつも、カーデの素材がスウェットなので疲れすぎないのがポイント。デニムはジャストサイズをセレクトして。

Tops	くらしと生協
Cardigan	agnès b.
Bottoms	BLACK BY MOUSSY
Bag	THE ROW
Shoes	GUCCI
Pierce	ELLE SHOP で購入

ロンTとデニムというシンプルなスタイルも、ワントーンでまとめると落ち着いた雰囲気に。足元はヒールで女性らしさを演出＆華奢見えを狙って。

Tops	GALERIE VIE
Bottoms	BLACK BY MOUSSY
Bag	VASIC
Shoes	Gianvito Rossi
Stole	Acne Studios
Necklace	AURORA GRAN
Pierce	MON

One-piece×Sneaker

Show Your Knees

Big Shirt &Tight Bottoms

大人の膝見せはモノトーンでまとめて

ワンピース×スニーカーが今の気分

ボリュームシャツはボトムをタイトに

| 3 |

動くたびに裾が揺れるふんわりワンピースは、ウエストにギャザー入りで細見え効果も。甘くなりすぎないようボリュームあるスニーカーではずすぐらいがちょうどいい。

One-piece	Curensology
Outer	GU
Bag	VASIC
Shoes	NIKE
Necklace	母からのお下がり
Pierce	MON

| 2 |

グッドバランスを作るのに便利なユニクロのショートパンツはワードローブでも登場回数多め。合わせるアイテムはモノトーンで統一して落ち着いた雰囲気をキープ。

Tops	ATON
Bottoms	UNIQLO
Bag	MM6 Maison Margiela
Shoes	Bottega Veneta
Eyewear	Zoff
Pierce	MON

| 1 |

一枚羽織ればきちんと感を演出できてサマになるボリュームシャツは、黒パンツを合わせてコンパクトに。ストールをさらっと肩から羽織るとスタイリングが華やかに。

Tops	#Newans
Bottoms	YANUK
Stole	Acne Studios
Bag	Bottega Veneta
Shoes	Maison Margiela
Pierce	MON

マミフク

My Favorite Cardigan

Clean Shirt

Bag &Shoes Addict

カーディガンはサイズ選びが重要

一枚あるとうれしいきれいめシャツ

カジュアルコーデは小物使いが決め手に

6

5

4

| 6 |

意外と使えるスナップボタンのカーディガンは、黒はS、白はMサイズを持っていて、アウターがわりに肩掛けすることも。ボーダーのインナーをインしてフレンチカジュアルに。

Cardigan | agnès b.
Tops | Le Minor
Bottoms | SHINZONE
Bag | VASIC
Shoes | Repetto
Necklace | AURORA GRAN
Pierce | MON

| 5 |

長め丈のアンティークゴールドのピンがあしらわれたピンタックシャツは結婚式の2次会などでも着られる便利なアイテム。足元はブーツでバランスアップ。

Tops | MAISON SPECIAL
Bottoms | aluna
Bag | THE ROW
Shoes | Maison Margiela
Pierce | MON

| 4 |

ニットとデニムというカジュアルでリラックスしたコーデの日は、存在感のあるバロックパールやきちんと感のあるバッグで仕上げを。ニットに白Tをインしてこなれ感アップ。

Tops | GALERIE VIE
Inner | Hanes for BIOTOP
Bottoms | vintage Levi's 501
Bag | J&M DAVIDSON
Shoes | Maison Margiela
Eyewear | Zoff
Pierce | MON

Day 3

撮影の休憩中に。一目惚れしたJAMAIS VUのピンクニット
は主役級アイテム。タイトな黒パンツと小物で引き締め。

秋冬の洋服を探しにお買い物。
シンプルでシーンを選ばず着ら
れるCABaNの黒ニットはウエ
ストインしてシルエットをコン
パクトに。

Day 1

Day 2

久しぶりに会うママ友とランチへ。
UNIQLOのニットにSHINZONEの
デニムを合わせてカジュアルに。
ハットでアクセントをプラス。

打ち合わせをハシゴの日は自転車を
フル活用。少し肌寒くなるので
BACCAのショートニットを肩掛け
してこなれ感アップ。

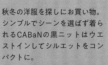

Day 5

Day 4

この日抱っこ星人だった息子と。
ずーっと抱っこはさすがに重たい
(笑)。NIKEのスニーカーでタイト
なボトムから素足をチラ見せ。

撮影DAY。スタジオが心地
よくて、おもわずゴロン。
この日は毎回素敵なアイテ
ムを作ってくれるくらしと
生協の撮影。オールブラッ
クコーデで。

Day 6

秋の装い

(OTHER COORDINATE)

だんだん暑さもやわらいで涼しくなり、お
しゃれしたい意欲もぐんぐん高まる季節。そ
んなときはシックで落ち着いた黒やグレーで
装いをぐっと引き締めて。子どもと外出する
ときはゆるっとトップスにタイトなボトムス
が楽チンで動きやすくMYスタンダードに。

マミフク

AUTUMN

Day
9

Day
8

息子と家と公園を往復する日は
とことんアクティブなコーデが
便利。SELECT MOCAのニッ
トカーデで上半身にボリュー
ム、ボトムスはコンパクトに。

Day
7

UNIQLOのニットに、DRAWER
のパンツという、ラフだけれど
こなれ感もしっかりキープした
コーデ。この日は久しぶりのメ
ンテナンスで美容院へ。

ADAM ET ROPÉのお気に入りワンピースを
着て、取材の日。裾からのぞくMaison Margiela
のブーツはスタイルアップの優秀選手。

Day
10

今熱中している金継ぎ教室のあと、近
場でランチに。シンプルで着心地のい
いGALERIE VIEのニットは毎年一色
は買い足している万能ニット。

仕事もひと段落して一杯飲みに行く途中。ウ
キウキが隠せない。オールブラックでラフだ
けど洗練された雰囲気に仕上げた日。

Day
11

Day
12

秋晴れの気持ちいいお天気、吉祥寺
デートでウキウキの日。Pretty
Ballerinasの水色バレエシューズが
シンプルコーデのポイントに。

冬の装い

重たくなりがちな季節こそ
スマートに、軽やかに

ニットやコートで思い切りおしゃれしたい。重量が上にくる装いが多めなので、合わせるボトムスやシューズがすごく重要。ブーツでバランス調整したりローファー×ソックスの組み合わせで抜けを作ったり、自分なりのルールを探すのがこの季節の楽しみ。

冬の白こそ
メリハリが重要

冬に映える白のスカートはジャージー素材で座ってもシワにならない優秀アイテム。コートの裾からビッグシャツの裾をちら見せすれば、シルエットにメリハリがついた装いに。

Outer		monmimi
Tops		#Newans
Bottoms		EUCLAID
Bag		YOUNG&OLSEN
Shoes		Maison Margiela
Pierce		MON

アウター次第でシャツをアウトすると好バランスに。

Point 2
← BIG SHIRT

重ね着して重たくなりがちな冬は、ヘアもコンパクトに。

Point 1
← HAIR STYLE

肌色がよく見える
ネイビー×ブラックで統一

大人になってからは、黒にプラスしてネイビーをワードローブに加えたい気分。顔色が沈まずほどよく上品に仕上げてくれる。パールをあしらってさりげなく目線を上に。

Outer	GALERIE VIE
Tops	CABaN
Bottoms	vintage Levi's 501
Bag	Bottega Veneta
Shoes	GUCCI
Stole	Acne Studios
Eyewear	Zoff
Necklace	母からのお下がり
Earrings	islen

パールの存在感が顔まわりを華やかにしてくれる。

Point 2
NECKLACE →

明るい色のデニムをオンして、カジュアル＆垢抜けた印象に。

Point 1
DENIM →

マミフク

コートは前開きで
こなれ感アップが正解

シンプルなコートにインしたニット
からのぞくTシャツ、華奢なネック
レスなどディティールにセンスが光
るコーデ。足元はコンバースのス
ニーカーでカジュアル度高めに。

Outer	STUNNING LURE
Tops	UNIQLO and JW ANDERSON
Inner	Hanes
Bottoms	BEAUTY&YOUTH UNITED ARROWS
Bag	THE ROW
Shoes	CONVERSE
Necklace	母からのお下がり
Pierce	MON

ニットの下からチラリとのぞくだけで印象チェンジ。

Point 2
T-SHIRT →

バッグとボトムス、靴を黒で統一してきちんと感を演出。

Point 1
BLACK ITEM →

ヒールも白ソックスで
アップデート

主役のコート以外は
すべてコンパクトに

カジュアルな上下にコートをざっくり羽織った日
も足元にポイントを持ってくれば、おしゃれ度が
キープできる。重たくなりがちな冬こそ白いソッ
クスでクリーンな抜け感を作って。

Outer	STUNNING LURE
Tops	UNIQLO and JW ANDERSON
Bottoms	BEAUTY&YOUTH UNITED ARROWS
Bag	VASIC
Shoes	FABIO RUSCONI
Socks	Hanako
Pierce	MON

ダウンジャケットより軽めな印象のキルティング
コートは、よく動き回る日でも活躍。コートがゆっ
たりシルエットなので、それ以外はオールブラッ
クでコンパクトに。差し色に白のトートをオン。

Outer	monmimi
Tops	くらしと生協
Bottoms	UNIQLO
Bag	MM6 Maison Margiela
Shoes	Repetto
Eyewear	Zoff
Tights	TSUMUGI
Pierce	MON

マミフク

チェックに同系色アウターで
洗練見え

黒×白で
バランスの足し引きを

打ち合わせの日。普段はあまり着ないセットアップもたまには楽しみたい。アウターに迷ったら、同系色をチョイスすると統一感が。メガネをサッとかければ、大人の余裕な雰囲気も醸し出せそう。

Outer	Demi-Luxe BEAMS
Setup	aluna
Inner	Hanes
Bag	elleme
Shoes	Maison Margiela
Eyewear	Zoff
Pierce	MON

防寒第一の寒い冬。ダウンジャケットはあったかくて楽チンだけど、もっさりしがち。そんなときは黒基調のコーデに白パーカをインして抜けを作って。華奢なバッグが女性らしさを添えてくれる。

Outer	DUVETICA
Tops	RITA JEANS TOKYO
Bottoms	YANUK
Bag	THE ROW
Shoes	CONVERSE
Pierce	MON

上品ネイビーで
カジュアルを艶っぽく

冬なのに顔色が映える
明るいコート

一見シンプルなコートとパンツのスタイルだけれ
ど、ネイビーで揃えるときれいめに仕上がるから
便利。合わせるシューズはスニーカーでカジュア
ルに。素足をチラリと見せると、こなれ感も。

Outer	GALERIE VIE
Tops	UNIQLO and JW ANDERSON
Bottoms	DRAWER
Bag	elleme
Shoes	NIKE
Pierce	ELLE SHOP で購入

形がきれいなデニムにブラウスをインしてバラン
ス調整。ティファニーブルーのような上品でクラ
シカルなコートで洗練されたムード。シューズ
は大好きなオールドセリーヌを素足で。

Outer	BLACK BY MOUSSY
Tops	#Newans
Bottoms	SHINZONE
Bag	Bottega Veneta
Shoes	OLD CÉLINE
Necklace	母からのお下がり
Pierce	ELLE SHOP で購入

マミフク

WINTER

見た目もあったかなコートは
スタイリングの強い味方

オールホワイト＋1
で着こなし上手に

冬ならトライしたいオールホワイトコーデも、シ
ルエットがぼんやりしがち。そんなときはひとつ
別の色のアイテムをプラスするだけで、バランス
の取れた垢抜けコーデが完成。

Outer	monmimi
One-piece	RUS
Cardigan	agnès b.
Stole	Acne Studios
Shoes	Maison Margiela
Pierce	MON

中綿入りのベストはボリューム感たっぷりで見た
目にもあったか。ベストタイプなので重たく見え
すぎず、レイヤードの幅が広がる一着。シンプル
デニム＆ニットとも相性抜群。

Outer	INSCRIRE
Tops	GALERIE VIE
Bottoms	Sonny Label × Monâme
Bag	JAMIRAY
Shoes	MARNI
Pierce	MON

Big Outer Style

Lovely Mohair Cardigan

Off-white for Winter

白コートはオフホワイトが使いやすい

ボリュームアウターは中身をコンパクトに

ざっくりモヘアの下はクリーンなシャツでまとめて

3

2

1

| 3 |

軽い着心地のリバーシブルのコートを主役に。中身はとことんシンプル＆コンパクトに。首まわりがさみしくならないよう母からのお下がりのパールのネックレスをプラス。

Outer	CASA FLINE
Tops	UNIQLO
Inner	Hanes
Bottoms	YANUK
Bag	VASIC
Shoes	Maison Margiela
Socks	Hanako
Necklace	母からのお下がり
Pierce	MON

| 2 |

着ているだけでうれしくなるフワフワのモヘアニット。ストライプのシャツをインすれば野暮ったくならずクリーンな着こなしが完成。アウターはダウンで寒さ知らず。

Outer	DUVETICA
Cardigan	OUD
Tops	#Newans
Bottoms	aluna
Bag	THE ROW
Shoes	Maison Margiela
Socks	Hanako
Eyewear	Zoff
Pierce	MON

| 1 |

冬の着こなしを軽やかにしてくれるコートはまだまだ寒さの残る春先まで使える優秀アイテム。黒やネイビーのコート同様、白を主役にしたら他は黒で統一して引き締めがお約束。

Outer	GALERIE VIE
Tops	CABaN
Bottoms	Theory
Bag	Bottega Veneta
Tote	MM6 Maison Margiela
Shoes	GUCCI
Socks	Hanako
Pierce	MON

Narural Gradation

Add an Accent

Big Outer &Minimal Coordinate

冬ならではの淡いカラーのグラデーション

美シルエットのワンピースに辛口アウターをオン

ミニマルな黒で引き立つ主役級アウター

6

5

4

| 6 |

絶妙にアイテムの色味を変えて楽しむ同系色コーデは異素材で合わせると垢抜けた印象に。自分へのごほうびに買ったお気に入りのジルサンダーのバッグも淡いカラーをチョイス。

Outer		GALERIE VIE
Tops		Abel
Bottoms		Abel
Bag		JIL SANDER
Shoes		Maison Margiela
Eyewear		Zoff
Necklace		AURORA GRAN
Pierce		MON

| 5 |

ラインが入った美しいシルエットのワンピース。合わせるアイテムはあえて辛口のモッズコートをチョイスしてギャップを楽しみたい。黒い小物でアクセントを。

Outer		MADISONBLUE
One-piece		RITA JEANS TOKYO
Bag		THE ROW
Shoes		Maison Margiela
Eyewear		Zoff
Pierce		MON

| 4 |

合わせるアイテムをとことんミニマルな黒にすることで、ボリュームアウターも着膨れして見えずスタイリッシュに。黒いブーツを合わせて縦のラインも意識して。

Outer		INSCRIRE
Tops		PETIT BATEAU
All-in-one		H BEAUTY&YOUTH UNITED ARROWS
Bag		THE ROW
Shoes		Maison Margiela
Pierce		MON

打ち合わせの後、友人が働いている
バルへディナーに。存在感ある古着
のコートで。中はオールブラックに
差し色で赤のシューズを。

今年こそ！一生もののダウンを買う
ぞ！ と決意し、DUVETICAにダウ
ンジャケットを試着しに行った日。
やっぱり着心地が違う〜！（笑）

お気に入りのMUSE de Deuxieme
Classeのリバーコートを肩掛け
してこなれた雰囲気を演出。冬の
キラキラした表参道をお散歩。

友人宅のナチュールワインの会
へ。フェイクファーのコートは
stylingのもの。気心が知れた
友達と会う日は、おしゃれも思
いっきり遊び心を。

一点ものとの出会いを求めて古着屋巡り。
CASA FLINEのリバーシブルコートを主役に
ヴィンテージのLevi'sをオン。

仕事の資料集めで代官山 蔦屋書店
まで。オンオフ問わずヘビロテして
いるGALERIE VIEの定番コートに
明るめデニムで抜け感を出して。

冬の装い
(OTHER COORDINATE)

コートを着るのが楽しい季節。目の覚めるよ
うなブルーの上品コートを纏ったり、たまに
は思いっきりプレイフルにフェイクファーに
挑戦したり。ざっくり前開きでラフに着るの
が垢抜け＆スタイルアップの秘訣。一生もの
のダウンもトライ！

マミフク

WINTER

Day 8

Day 7

Day 9

取材の日。オールデニムの全身カジュアルでまとめた日はバッグだけ上質な革のellemeのもので。寒さ対策でカーディガンをぐるり。

おうちでたくさんコーディネートを組む日。あれこれ妄想するのが楽しい。この日はGALERIE VIEのお気に入りのショートコートで着回しにトライ。

ロケ撮影の日。鮮やかなブルーのコートはBLACK BY MOUSSYのもの。足元はスニーカーでカジュアルダウンして。

Day 10

家族でふらりと山の方までお出かけ。CAVEZA ROSSOのボアコートであったかく。ヘアをすっぽりインしたベレー帽と、アクセサリーがわりのメガネで目線を上に。

Day 12

毎年恒例の家族行事、節分の買い出しへお出かけ。旦那さんがやる鬼が毎年楽しみ。STUNNING LUREのコートをざっくり前開きでラフに。

Day 11

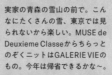

実家の青森の雪山の前で。こんなにたくさんの雪、東京では見られないから楽しい。MUSE de Deuxieme ClasseからちらっとのぞくニットはGALERIE VIEのもの。今年は帰省できるかな〜。

Page
61

COLUMN 2

家族と暮らす
インテリア

年月を経た
味が感じられるものが好き

　無機質な中に、職人さんの技や、昔ながらの知恵や、ぬくもりを感じられるインテリアが好きです。古材で作られたもの、アンティークのもの、ヴィンテージのものなど、年月が経てば経つほどにいい味が出るものにも惹かれます。アンティークは、この形、この大きさで、この高さで……と出合いは本当にタイミング次第で、逃したら二度と出合えないもの。時間があるときには、よく好みのアンティーク雑貨を揃えているお店へ行きます。お気に入りは代々木上原「DOUGUYA」と表参道「pejite」。歴史を感じる風合いがあって、自分の生活の中になじみそうなものがあれば、迷わず購入します。

① 大好きな村上祐仁さんの器。丈夫で軽くて、そしてシンプル。使い勝手がよく、出番が多いです。　② 表参道「pejite」で運命的に出合ったアンティークの食器棚。味があって、部屋の雰囲気が一気に素敵に。　③ クリスマスの日、ダイニングテーブルにH&M HOMEのテーブルクロスを敷いて、ZARA HOMEのキャンドル立てを。　④ 花瓶、いろいろ。空になったワインの瓶もかわいい花瓶に。一輪挿しも好き。　⑤ ダイニングテーブルは神戸にアトリエがある山﨑正夫さんの作品。椅子はアーコールのアンティーク。　⑥ 寝室のライトはイサム・ノグチのAKARI。丸いフォルムが心を癒やしてくれます。モダンと和が交わる空間が好き。

マミフク

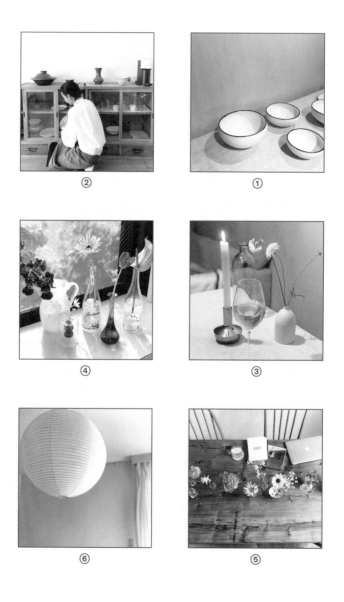

②   ①

④   ③

⑥   ⑤

MY STANDARD

定番アイテム

毎日のおしゃれと暮らしに欠かせない、私の定番アイテムの数々。
長く愛用できるものには、私ならではの理由がある。

MY STANDARD
1

agnès b.の
スナップカーディガン

「ブラックは、ジャストサイズでコンパクトに着たいのでサイズ1。2
～3年愛用しています。ベージュはアウターがわりに羽織りたく
て、サイズ2。1年ほど前に買い足しました。春と秋を中心に着て
いますが、真冬のコートのインナーとしても活躍しています」

マミフク

Uniqlo Uの
Tシャツ

「形がとてもきれいなところ、絶妙なカラーバリエーション、お手頃なお値段にも惹かれて。ニットのインナーに着て、襟元をのぞかせるのが気に入っています。ホワイトとブラックは何度も買い直していて、シーズンごとに発売される新色からは気分でセレクト」

MY STANDARD
3

Hanes for BIOTOP
のタンクトップ

「Hanes に BIOTOP が別注したシリーズ。ヴィンテージのカット
ソーをベースにしたというデザインが、シンプルだけどかわいい。
老舗のアンダーウェア＆カジュアルブランドならではの、抜群の着
心地。カラーバリエーション含めて、今は3パックもストックあり」

マミフク

CONVERSEの
ALL STAR

「ベーシックなカラーだけ。たくさん歩きたい日や、足元をすっき
りさせたいとき、きれいめなコーディネートをはずしたいときに活
躍します。ハイカットはブーツがわりに。サイズは実際のサイズ
（23cm）より少し大きめの23.5〜24cmをセレクトしています」

MY STANDARD
5

VASICの
ミニバッグ

「シンプルだけれどデザインにひとひねり効いていて、他のブラン
ドにはない形。定番カラーのベージュから始まり、新色のマスター
ド、ライトブルーを買い足しました。財布、ポーチ、手帳、ハンドク
リーム、ネイルケアアイテムなど、ざくざく入れて出かけています」

マミフク

Zoffの
メガネ

「フチがしっかりしているメガネが好きです。テンプル（サイドの
つる）が太いと顔の面長の印象をやわらげてくれて、すっきりと見
える気がします。上は私の大定番。中はカジュアルな装いのときに。
下はモノトーンの装いなどカッコよくまとめすぎたときのはずしに」

MY STANDARD
7

AURORA GRANの
クロスネックレス

「10年前に友人からいただいたもの。ずっとブランド名を知らず
につけていたのですが、あるときファンの方が教えてくださいまし
た。華奢で合わせる服を選ばないし、イエローゴールドは肌なじみ
がいい。今まで3~4回なくしましたが、必ず見つかります（笑）」

マミフク

bamfordの
インセンス ウィローディフューザー

「ユニセックスで、さっぱりしていて、好みの香り。甘すぎる香り
は少し苦手です。大きいサイズのものは玄関に置いているのです
が、家に帰ってきたときに好きな香りが出迎えてくれるととても安
心します。小さいサイズのものは洗面所に置いて」

MY STANDARD
9

UNDERSON UNDERSONの
アンダーウェア

「アンダーウェアとリラックスウェアのブランドの、ブラトップと
ビキニショーツ。アウターに響かないし、スポーティすぎないデザ
イン性のよさも気に入っています。吸水性、速乾性、消臭性などの
機能にも優れている、和紙を使った新素材が使われています」

マミフク

TEKLAの
オーガニックコットンタオル

「デンマークのテキスタイルブランドの、100%オーガニックコットンを使用したタオル。厚手で肌ざわりがよく、乾くのが早いのもうれしいポイント。ハンドタオルをバスタオルとして使うとちょうどいいサイズ。ブランド名が入ったタグで掛けられるので便利」

MY STANDARD
11

フードデザイナー中本千尋×CIROIの
エプロン

「友人でもあるフードデザイナー中本千尋さんが作るエプロンは、
ポケットがたくさんあって、料理をする人、陶芸をする人、コー
ヒーを淹れる人など、作業をする人にとても便利な仕様。紐の使い
方次第でさまざまな着方ができるファッション性も魅力です」

マミフク

Maduのハンガリアンワイングラスと
木村硝子店のグラス

「右から3点はmaduで購入したハンガリアングラス、左から2点
は木村硝子店のもの。大好きなワインをメインに、ビール、お水、
お茶などを飲むときに普段使いしています。どれもかなり薄手です
が、意外と割れづらいんです。たまに夫と晩酌するのも楽しい」

Chapter

3

HOW TO USE GOODS

小物使い

普段の装いに、アクセントや変化をもたらしてくれる小物たち。
長く使えて、アレンジの幅が広いものを厳選している。

①
VASIC
ボストンバッグ

↓

デニムやゆったりしたサイズ感のベストなどカジュアルなコーディネートには、ボックス型でカッチリめのバッグを持つことで、スタイル全体を引き締める効果あり。

Tops	Hanes for BIOTOP
Vest	FROM FIRST MUSEE
Bottoms	RE/DONE
Shoes	Repetto
Pierce	MON

(Goods.1) BAG

「なるべく大きいサイズは避け、小さいバッグを選ぶようにしています。大きくても、パソコンや書類が入る程度まで。ストラップは長すぎず、手を下げて持っても下につかない程度に調節します。容量は大きくてもハンドルは小さいなど、どこかコンパクトな部分を意識しています」

マミフク

Bottega Veneta

ショルダーバッグ

ボトムのレイヤードが印象的な装いには、なるべく小さなバッグを持って主張を控えめに。目線が上にいくように、ストラップを縛って短くし、コンパクトに調節して。

Outer	GU
Tops	RITA JEANS TOKYO コラボアイテム
Skirt	UN/BALANCE
Bottoms	UN/BALANCE
Shoes	Maison Margiela
Pierce	Aletta Jewelry

THE ROW

ドレスバッグ

スウェットもスカートも、コットン100％でカジュアルなので、エレガントな素材のバッグでコーディネートにアクセントを。デザイン性も高いので、おしゃれ度もアップ。

Tops	Ron Herman
Bottoms	ATON
Shoes	NIKE
Flower	終日フラワー
Accessories	Aletta Jewelry
Bracelet	Nothing And Others
Pierce	Aletta Jewelry

YOUNG&OLSEN

A4サイズのトート

ショートパンツはコーディネート自体がコンパクトに見える優秀なアイテム。あえて大きめのバッグを持つことによって、バランスを調整。ストラップは短いものがおすすめ。

Tops	SAINT JAMES
Bottoms	RITA JEANS TOKYO コラボアイテム
Shoes	Maison Margiela
Eyewear	Zoff CLASSIC
Pierce	Aletta Jewelry

①
CONVERSE
スニーカー

カジュアルにまとめるときは、どこ
かに少し女性らしさをプラスした
い。そんなときは、ボトムの裾から
肌をのぞかせて抜け感を作る。その
ためにはローカットがマスト。

Tops	JAMES PERSE (MEN'S)
Bottoms	RE/DONE
Bag	VASIC
Pierce	MON

(Goods.2) 𝕊ℍ𝕆𝔼𝕊

「ボトムとの組み合わせで全身のバランスが変わるの
で、シューズ選びは重要。シンプルで汎用性に優れ、基
本の色は黒で着まわし力があるものを意識してセレクト
しています。おしゃれなだけでなく、履いていて疲れな
いなど、歩きやすさももちろん大切なポイントです」

マミフク

Maison Margiela	Manolo Blahnik	Maison Margiela
バレエシューズ	ヒールサンダル	アンクルブーツ

↓ ↓ ↓

足の甲が広く開いているため、くるぶしが見える九分丈のパンツを合わせると抜群にバランスがいい。デザイン性の高いシューズなら、ワンランク上の着こなしが完成する。	いろいろと履き比べた結果、低身長さんに一番バランスがいいのが7cmか9cmの少し高めのヒール。Tシャツ＆ショートパンツには少年ぽくなりすぎないよう、女性らしい靴で。	ボリュームのあるロングスカートには、足首がキュッと引き締まって見えるシャープな印象のブーツを合わせて。裾とブーツの間に隙間を作らないように丈感のバランスを見て。

④

Tops	+J MEN
Bottoms	DRAWER
Bag	GUCCI
Pierce	Aletta Jewelry

③

Tops	RITA JEANS TOKYO コラボアイテム
Bottoms	RITA JEANS TOKYO コラボアイテム
Cardigan	agnès b.
Bag	agnès b.
Eyewear	Zoff CLASSIC
Pierce	Aletta Jewelry

②

Tops	Ron Herman
Skirt	FROM FIRST MUSEE
Bag	VASIC
Pierce	ELLE SHOP で購入

(Goods.3) **HAT**

「日避けなど実用的な用途もあるけれど、やはりコーディネートの
主役になる帽子。大きさや色、形など、自分に似合うか似合わない
か、必ずかぶってみて全身のバランスを確認します。購入の際は友
人や夫に買い物に同行してもらい、客観的な意見をもらうことも」

マミフク

③	②	①
KIJIMA TAKAYUKI	**Acne Studios**	**Borsalino**
ビーニー	キャップ	カンカン帽

↓ ↓ ↓

とろみのある質感や上質な素材の服装のときに、コンサバすぎないようカジュアルな帽子を合わせてバランスを取る。ヘアがコンパクトにまとまり、小顔効果もあり。

ボーイッシュなキャップはブラックなどシックな色味をチョイス。メンズライクになりすぎないよう、ヘルシーに肌を出すなど、女性らしいコーディネートを意識。

存在感があり、かぶるだけでたちまちおしゃれ度が増すカンカン帽には、他をシンプルなアイテムで統一。ブラックコーディネートで大人っぽく、また視線を上の方へ。

Tops	| FROM FIRST MUSEE
Bottoms	| BEAUTY&YOUTH
Shoes	| Repetto
Bag	| GUCCI
Pierce	| MON

Tops	| #Newans
Bottoms	| led.tokyo
Shoes	| Maison Margiela
Bag	| THE ROW
Necklace	| AURORA GRAN
Pierce	| Aletta Jewelry

Tops	| UNIQLO
Bottoms	| aluna
Shoes	| Manolo Blahnik
Bag	| elleme
Pierce	| MON

(Goods.4) SCARF

「素材はシルクを選びます。基本的に服装がカジュアルなので、シルクの上質な光沢感をプラスして、ニュアンスを調整します。人とかぶらない一点ものが好きなので、ヴィンテージを探すことも。大判サイズなら肌寒いときの羽織りにもでき、用途が多いので便利です」

マミフク

③	②	①
CHANEL	**manipuri**	**GUCCI**
(led.tokyo)		(led.tokyo)
ブラウン	ホワイト	グリーン

  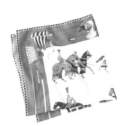

 ↓ ↓

白シャツにデニムというシンプルかつカジュアルなスタイルに上品さをプラスするため、大判サイズのスカーフをふわりと肩に巻いて。ナチュラルな色味と華やかさをプラス。	ぴたっとタイトなトップにマーメイドシルエットのスカートを合わせた、女性らしいラインを強調した装い。色味はシンプルなので、首に巻いて顔まわりを華やかに演出。	ブラックのワントーンは、大人っぽくカッコいい印象。バッグにさりげなく巻いてカラーをオン。コーディネートにプラスするより気兼ねなく、かつこなれ感を演出できる。

Tops	+J MEN
Bottoms	RE/DONE
Shoes	Repetto
Flower	終日フラワー
Pierce	MON

Tops	UNIQLO
Bottoms	led.tokyo
Shoes	Maison Margiela
Bag	menui
Pierce	MON

Tops	Hanes for BIOTOP
Bottoms	UN/BALANCE
Shoes	Manolo Blahnik
Bag	YOUNG&OLSEN
Eyewear	Zoff CLASSIC
Pierce	Aletta Jewelry

(Goods.5) GLASSES

「必ず試着して、自分の輪郭に合うものを厳選します。私は面長なので、シャープなものよりなるべく丸みがかったフォルムを選ぶようにしています。そうすることで顔なじみもよく、小顔効果が得られると思っています。視力はいいので、メガネはすべてダテなんです」

マミフク

③	②	①
## Zoff CLASSIC	## Ray-Ban	## Zoff CLASSIC
黒ぶち	サングラス	クリアフレーム

↓	↓	↓

| マイ定番の黒ぶちメガネ。どんな服装にもなじみ、かつポイントにもなるので、メイクの仕上げのような感覚でかける。シックなブラックコーディネートもキュートにまとまる。 | 計算されたコーディネートにサングラスは気恥ずかしいので、常に抜け感を意識。タンクトップ、デニム、ビーチサンダルというメンズライクな潔いシンプルスタイルにかける。 | 淡い色味のコーディネートでまとめ、ほんの少しニュアンスをプラスしたいときに。透明感のあるメガネでさりげなく顔まわりにポイントを置きつつ、やわらかい印象をキープ。 |

Tops		JAMES PERSE	Tops		#Newans	Tops		FROM FIRST MUSEE
Bottoms		H BEAUTY&YOUTH	Bottoms		RE/DONE	Bottoms		FROM FIRST MUSEE
Shoes		Maison Margiela	Shoes		fipper	Shoes		Maison Margiela
Bag		THE ROW	Bag		JAMIRAY	Bag		L'arcobaleno
Necklace		AURORA GRAN	Necklace		AURORA GRAN	Pierce		MON
Pierce		Aletta Jewelry	Pierce		Aletta Jewelry			

(Goods.6) ACCESSORIES

「年を重ねるにつれ、メイクも薄く、ヘアもナチュラルになりました。その分、アクセサリーはシンプルで主張あるものを選ぶように。華奢だったり繊細なものより、武骨な印象のアイテムのほうが、私のテイストには合うよう。大きさを問わずに愛用しています」

マミフク

	③		②		①
	Pearl		**Nothing And Others/MON**		**Aletta Jewelry**
	パール		シルバー		ゴールド

↓   ↓   ↓

スカートやワンピースに合わせると
イベント感が増すパールは、なるべ
くカジュアルなパンツルックに。首
まわりにフィットするサイズ感のも
ので、上半身をコンパクトに。

Tシャツとジョッパーズは、カジュ
アルながら女性らしいラインが出る
コーディネート。シルバーアクセで
かっこよさをプラス。太めのバング
ルは五分袖とのバランスがいい。

ゴールドは肌なじみがいいので、大
ぶりでも主張しすぎることなく、ナ
チュラルに華を添えてくれる。少し
マットな輝きが、控えめながら上品
なイメージをプラスする。

Tops	Hanes for BIOTOP
Bottoms	YANUK
Shoes	Manolo Blahnik
Bag	VASIC
Pierce	MON

Tops	UN/BALANCE
Bottoms	aluna
Shoes	Maison Margiela
Bag	JAMIRAY

One-piece	RITA JEANS TOKYO コラボアイテム
Shoes	CONVERSE
Bag	Bottega Veneta

笑顔を作る
毎日の料理

モチベーションの元は
食いしん坊の家族と大好きな器

　インスタグラムを見て「お料理あんなにたくさん作ってすご
いね！」なんて言われることも多いですが、毎日作っているわ
けがありません！ 無理をしない範囲で、品数もボリュームも
作れるときに作れる分だけ。具だくさんのお味噌汁とごはんだ
けのときもあるし、ネギたっぷりの納豆ごはんで済ませるとき
もあります。すごくテキトーなんです。得意料理は唐揚げ、ア
ジア系の料理、それから、池ノ上「トネリコ」の大さんに教えて
いただいた低温調理の蒸し鶏！ とにかく食べるのが大好きな
家族と、大好きな器が料理のモチベーションを上げてくれます。

① 赤味噌のお味噌汁が染みた朝ごはんの日。　② 友達からいただいた立派なアス
パラに目玉焼きをのせて、パルミジャーノチーズ、麺つゆでいただく。　③ この
日はいろんな種類の餃子を作りました。中華スープをベースにレモングラスが香る
水餃子がお気に入り。　④ この日はしょうゆ＆みりん、スパイスの2種類の唐揚
げ。いつも作っている唐揚げよりも売れた（笑）。　⑤ お酒のつまみに最高な献
立。鯛の昆布締めは簡単だけど、絶妙なねっとり感で本当に美味しい！　⑥ 池ノ
上「トネリコ」の大さんに教えてもらった低温調理の蒸し鶏と特製ソース。

マミフク

② ①

④ ③

⑥ ⑤

HAIR & MAKE

ヘアメイク

だんだんとヘアもメイクもナチュラルに。
その分、コーディネートに合わせてニュアンスやポイントをつけて楽しんでいる。

Back

揉み込みムラがないように、両手を使って全体的にまんべんなくオイルをいきわたらせる。コテやクシなどは使わず、手ぐしでナチュラルなウェーブを活かす。

Front

くせを活かしたパーマをかけているので、ウェーブを出すようにオイルをたっぷり使いウエットな状態を作る。中間〜毛先中心にオイルを揉み込み、広がりすぎないように。

③ Hair

② Make-up

① Base

①Base：すべてのメイクのベース。ラロッシュポゼ UVイデア XL プロテクショントーンアップ ローズを肌全体にのばし、気になる部分はETVOS ミネラルコンシーラーパレットをパフでのせる。リップケアはDAMDAM リトルワンダー リップアンドスキンバーム。　②Make-up：眉毛はナチュラグラッセ アイブロウパウダー 02 ミディアムブラウンでナチュラルに。トーン ロングラッシュマスカラ01、アディクション ザ カラー リキッドアイライナー004、アニヴェン マルチスティック グラインブラウン、アディクション ザ アイシャドウ マット 027Mを重ね旬のテラコッタメイクに。SUQQU デザイニングカラー アイズ13の左下のゴールドを目元に使用し、明るく。　③Hair：N. ポリッシュオイルを5〜6振りほどたっぷり使用。

Total Coordinate →

髪の毛に束感を作ることによって、素肌との間に抜け感を生み出すことがポイント。タンクトップを着たヘルシーでコンパクトなスタイリングなので、よりこなれ感を出すために艶やかさは欠かせない。アンニュイなムードには、流行のテラコッタメイクを施して。

マミフク

Side

サイドの後れ毛にもしっかりとオイルを揉み
込み、ウエット感を強調してアンニュイに。
結んだ毛先は、外はねになるよう、手で上向
きに毛を逆立てるようくせづけ。

Front

ざっくりとラフなひとつまとめ。ぴたっと結
びすぎないで、後れ毛をあえて活かすイメー
ジで。耳にしっかりとかけずに、流れに任せ
ておけばニュアンスある表情ができる。

①Make-up：ヘアがナチュラルな分、眉毛を
少ししっかりめに描く。ナチュラグラッセ ア
イブロウパウダー 02 ミディアムブラウンを使
用。トーン ペタル アイシャドウ03をまぶた全
体にのせて、SUQQU デザイニングカラー ア
イズ13の右下のブラウンを使用して引き締め
る。アイラインはアディクション ザ カラー リ
キッド アイライナー001。アディクション ザ
マット リップ リキッド 009にセルヴォーク エ
ンスロール グロス 05を使用し、リップにも黄
味をオン。　②Hair：N. ポリッシュオイルを
全体的に揉み込み、毛先にはウカ ヘアワック
ス プレイフルムーブを揉み込んでウェーブを
強調。後れ毛など気にせず手ぐしでざっくりと
まとめゴムで縛る。

① Make-up

② Hair

← Total Coordinate

コーディネートをミリタリーテイストでまと
めたいときは、あえてメイクはかわいらし
く。春を意識したイエロー系メイクに挑戦。
カーキとイエローは同系色なので、旬のイエ
ローメイクも浮くことなくなじませることが
できる。ワントーンコーデは、羽織りで縦の
ラインを作って。

Side

後頭部もタイトにまとめすぎず、少し丸みを持たせることがポイント。耳の上くらいから髪を取りざっくりまとめることで、耳まわりに後れ毛がナチュラルに残る。

Front

計算しすぎず、きれいに作りすぎず、できるだけ無造作を意識。髪を半分結ぶのも適当でオッケー。きれいにまとまりすぎていたら、バランスを見て髪をつまみ出す。

① Make-up

①Make-up：ナチュラグラッセ アイブロウパウダー02 ミディアムブラウンを使用し、眉毛はナチュラルに。トーン ロングラッシュマスカラ01にアニヴェン カラーリングマスカラ cm-02 モスグリーン、アニヴェン カラーリングマスカラ cm-03 ラスティゴールドを重ね、ニュアンスあるカラーまつ毛に。アイラインはアニヴェン カラーリングソフトアイライナー デイブレイク。リップメイクはライキービューティー スムースフィットリップスティック 02 オールモスト、マルチに使えるセルヴォーク インフィニトリー カラー 12、とうがらし成分入りのHotomi Hリップグロスクリアをオン。　②Hair：N. ポリッシュオイルを髪の毛全体に揉み込み、センス・オブ・ヒューモア ボヘミアンシーウォーターでよりウェーブを出す。耳の上辺りでラフに髪を取り、上の方でまとめる。

② Hair

Total Coordinate →

ロゴTシャツにハーフパンツのハツラツとしたコーディネートには、カジュアルなヘアアレンジと、カラーマスカラで加えたゴールドのニュアンスでこなれ感を。ハーフアップは自然と視線を高い位置に惹き付けることができるので、スタイルアップが叶う。

マミフク

Back

後頭部の思い切り高い位置でひとつ結び。その後お団子状に。サイドや襟足の後れ毛は気にせずに、まとまって落ちてきてしまう毛のみ、ランダムにピンで留める。

Front

ナチュラルな後れ毛がポイント。正面を向いたときに前から見えるくらいお団子の位置を高くすることでスタイルアップに。高さを出すことで、表情も若々しく見える。

①Make-up：メガネをかけるときはなるべくマスカラを使わず目元はシンプルに。ナチュラグラッセ アイブロウパウダー 02 ミディアムブラウンで眉毛もナチュラルに描く。マルチに使えるセルヴォーク インフィニトリー カラー 12 とアディクション ザ カラー リキッド アイライナー001を目元に使用。リップはアニヴェン マルチスティック ラディーオレンジを使用し、ポイントをオン。　②Hair：N. ポリッシュオイルを髪の毛全体に、毛先にウカ ヘアワックス プレイフルムーブを揉み込む。高い位置でひとつ結びをしてお団子に。落ちてきた後れ毛はマトメージュ ヘアスタイリングスティック Rbを使い束を作ってから、5〜6ヶ所をランダムにピンで留める。

① Make-up

② Hair

← Total Coordinate

低身長さんのスタイルをグッとアップさせる魔法のヘアスタイルがお団子アレンジ。視線が上にいき、またコンパクトにまとまるので小顔効果も。すっきりしている分メガネも似合うし、さわやかなマリンルックを大人っぽくまとめてくれる。

Side

ギリギリ結べる長さの髪は、低い場所でひと
つまとめに。後れ毛をまとめずにぴたっと
キープできる整髪料を使ってコンパクトに。
束ねた髪をもう一本のゴムでアレンジ。

Front

外出時には欠かせないアイテムになったマス
ク。顔のほとんどを覆うので、普段は日焼け
止めだけ。マスクに主張があるので、ヘアメ
イクは極力シンプルに仕上げて。

① Make-up

② Hair

①Make-up：普段のメイクでは、一番少ない
アイテム数。ナチュラグラッセ アイブロウパ
ウダー 02 ミディアムブラウンを使い、眉毛は
しっかりと強調。アディクション ザ カラー リ
キッド アイライナー003 ネイビーでアイライ
ンを引き、SUQQU デザイニング カラー アイ
ズ13の左下のゴールドをまぶたにのせる。
②Hair：N. ポリッシュオイルを全体的に揉み
込み、ひとつにまとめ、きつめにゴムで縛る。
マトメージュ ヘアスタイリングスティック Rb
を使い、後れ毛をぴたっとコンパクトにまとめ
る。

Total Coordinate →

メイクがナチュラルな分、コーディネートも
ゆるっとラフに決めすぎないのがポイント。
マスクのときは、メイクはシンプルに、ヘア
はコンパクトにまとめる。肩の力の抜けたシ
ルエットなので、バッグやシューズなど小物
はブラックで統一し、メリハリをつけるよう
にする。

マミフク

Side

前から見たときに少し見えるくらいの髪を残
して、ラフにひとつ結びし、小さなお団子を
作る。カチューシャは黒髪になじむブラック
を選んで、大人っぽいニュアンスに。

Front

目元から頬の上を中心に、全体的に薄くツヤ
感を肌にのせる。ウエットな髪にベロア地の
艶やかなカチューシャでアクセントをつけ
た、"大人のツヤ感"がテーマのヘアメイク。

①Make-up：ナチュラグラッセ アイブロウパ
ウダー 02 ミディアムブラウンで眉を少し太め
に。rms beauty ハイライター シャンパンロー
ズルミナイザーを頬の高い位置と目元にのせ
る。rms beauty アイポリッシュ ラッキーでま
ぶたにもツヤを。ETUDE #01 Black ブルーフ
ペンシルライナーでアイラインを引き締め、
リップはアニヴェン マルチスティック グライ
ンブラウンとセルヴォーク エンスロール グロ
ス 05で落ち着いた赤味を。 ②Hair：N. ポリ
ッシュオイルを髪全体に揉み込み、ウエットな状
態を作る。ゆるくまとめて、アレクサンドゥパ
リの細めのフレームのカチューシャをつける。

← Total Coordinate

Tシャツにデニムのカジュアルなコーディ
ネートに "ツヤ" を加えることで、ぐっと女
性らしい印象に。カチューシャの素材感も、
目線をぐっと高くする。足元には抜け感を作
り、バッグなどで縦ラインを強調し、低身長
さんの悩みをカバー。

① Make-up

② Hair

ヘアアレンジを楽しむために、健康な髪をつくるアイテムを紹介。

もちもちの泡立ち

② OLAPLEX®

（R）No.3 ヘアパーフェクター
（L）No.4 ボンドメンテナンスシャンプー

「シャンプーの泡立ちがよく、泡の密度が高くもちもち。洗浄力も高く、スッキリとした洗い上がりだけれど、ダメージヘアやブリーチヘアにもやさしい優秀なアイテムです」

① La CASTA

（R）プロフェッショナル ヘアエステ ソープSH
（L）プロフェッショナル ヘアエステ マスクBA

「クセ毛やパーマヘアでもしっとりまとまります。さまざまな種類があるので、髪の状態や髪質に合わせたものを選べるのもうれしいポイント。日常使いにぴったりです」

シーズンレス！

④ La CASTA

アロマエステ スキャルプ クレンジング リファイン

「2週間に一度の頻度で愛用しています。シャンプー前にこれで頭皮をオイルマッサージすると、汚れを落としやすくしてくれるんです。夏はもちろん、一年中使えます」

③ La CASTA

アロマエステ エモリエント ヘアオイル

「パーマをかけていないノーマルヘアのときに、髪が一番まとまったオイルがこれ。クセ毛や剛毛に悩んでいる方におすすめしたいアイテムです。べたつかないのもいい」

マミフク

髪の毛の
新触感

⑥
moremo

ウォータートリートメント ミラクル10

「1週間に1～2度、シャンプー後のコンディ
ショナーがわりに頭皮に直接つけてマッサー
ジします。しばらくするとふわふわの触り心
地に。新感触をぜひ試してみて」

⑤
davines

ナチュラルテック コンセントレイト 〈RN〉

「ダヴィネスは香りがいいのも高ポイント。
頭皮の美容液で、血行促進や抜け毛防止のた
めに使用。今から憧れのシルバーヘアに向け
て、コツコツとケアしています」

もう手放せない！

⑧
uka

ケンザン ミディアム

「直営店の限定品で、ラインナップの中で中
間のやわらかさ。シャンプー時にも体のコリ
にも、デコルテのマッサージにも使えるスカ
ルプブラシ。とにかく気持ちがいいんです」

⑦
N.

ポリッシュオイル

「ヘアケアにもいいし、スタイリングにも使
えて、さらにはボディオイルとしても代用で
きる、とにかく万能なアイテム！ 髪の潤い
を継続してくれるので、欠かせません」

バランスのいい、おしゃれなヘアを提案してくれるサロン。

担当しているのは原宿のサロン『YOCCA』のnoriさん。通い始めてもう12〜13年ほどになる。「長年私のヘアを担当してくれているので、髪のことはnoriさんを信頼しています。〝バツッと切って！〟〝キュッとなるように！〟など擬音で伝えてもニュアンスをつかんで、そのイメージに近いヘアを提案してくれます」

〔担当：noriさんより〕

「真実さんはクセ毛。以前はストレートパーマをかけるなどしていたんですが、ようやく個性を受け入れてくれて。クセをより活かせるようなパーマをかけることで、朝のスタイリングも楽になるよう提案しています。小柄なことを気にしている方のヘアで意識するのは〝隙間〟。毛と毛の間とか、肩と髪の間とか、髪で埋まってしまうと、どしっと重く見えてしまうんですね。軽さを加えて、そこに空気感を与えてあげる。そうするとバランスがよくなります」

マミフク

Arrangement

「2018年2月。ナチュラルブラウンのストレートボブ」

「2018年。人生で一番短くした頃。新鮮でした」

「2020年7月。今のスタイルが決まってきた頃」

「2018年7月。前髪を伸ばし、全体的にゆるくパーマを」

YOCCA hair&make

住所：東京都渋谷区神宮前3-20-21 ベルウッド原宿 2F
電話番号：03-3404-8910
営業時間：月〜金曜は11：00〜21：00、土曜は10:00〜20:00、日・祝
日は10:00〜19:00 ※カット最終受付1時間前まで、カットカラー2時間30分前
まで、ワンカラー1時間30分前まで（火曜休）
URL：http://www.yocca-hair.com/blog/

結婚7年目、
夫と作るしあわせ

話すほどに惹かれる、
見た目と内面のギャップ

　夫との出会いは、運命的……というわけではまったくありませんでした（笑）。友人を介しての食事会（もしかしたら合コン？）がきっかけ。第一印象はよくなかったのが事実です（笑）。仕事関係で再会してから連絡を取るように。仕事のことなど真剣な話をたくさん聞いて、印象が変わっていきました。サプライズのプロポーズを受けて、結婚へ。見た目と繊細で真面目な内面、そのギャップにも惹かれました。忙しくても楽しそうに仕事をこなしているところをとても尊敬しています。子煩悩なパパで、私が仕事のときは息子をお任せできること、とても助かっています。かなりふくよかなので、健康面は心配！私の見ていないところで暴食している可能性大（笑）

①プロポーズは800本のキャンドルの中で。見かけによらずロマンチストでした。②結婚式は乃木神社にて。この日は真面目でした(笑)。　③ハネムーンはモルディブに。海が素晴らしくきれいでした！父さん、今より20kg痩せています。　④地元、青森のねぶた祭へ。父さんの腹囲が広すぎて着付けをしてくれる私のばぁちゃんの手が毎度届いてません。　⑤こちらが究極のアウトドアスタイルです。　⑥肉父さんは、インスタでもおなじみに。温かいコメントありがとうございます。

マミフク

②

①

④

③

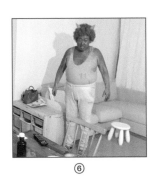

⑥

⑤

POLISH UP MY SENSE

センスの磨き方

五感をフルに使って、好きなものや素敵なものには積極的に触れるように。
刺激は、日常のあちこちから受けている。

(Tips.1) Books & Web

おしゃれのヒントは本やウェブから。

（FASHION）

① 『ku:nel』2020年3月号
／マガジンハウス

「年配の方が多く登場されていて、みなさんセンスが良く、色使いなど参考になります。色が地味でも、統一感のあるおしゃれも素敵。年を重ねていくのが楽しみになる本」

② 『SITRUUNA』#3
／扶桑社

「写真の画角やデザインがきれいで大好きです。自分でも写真を撮ったりするので、勉強になります。また、レイアウトがシンプルで読みやすいのもうれしいポイント」

③ 『島田順子スタイル パリ、
大人エレガンス』／マガジンハウス

「グレイヘアの永遠の憧れの的です。順子さんのカリスマ性には圧倒されるばかり。素敵に年を重ねていって、あんなふうになりたいという存在のひとりです」

④ 『大草直子のNEW BASIC STYLE』
／三笠書房

「ファッションセンスはもちろんのこと、大草さんの人柄がすごく好き。言葉のセンスも素敵ですっと入ってくるし、とげがなくて温かみがあるので、ずっと読んでいたいです」

本屋によく立ち寄り、中身を確認して参考になりそうな本を厳選して購入。「自分でもトライしやすかったり、真似しやすいファッションの本を選びます。好きな本はずっと手元に置き、何度も読み返しては、未来の自分を想像することも。少し上の世代の方の著書を読んで、流行に左右されないおしゃれを学んでいます」

マミフク

STYLEVOICE.COM
https://stylevoice.com

「いろんなショップの洋服が、とてもおしゃ
れに掲載されていて、ついつい欲しくなって
しまいます。さまざまなコラボレーションア
イテムもあったり、興味をそそられます」

ELLE SHOP.jp
https://elleshop.jp/web

「コレクションやワードローブなどのファッ
ションはもちろんですが、ライフスタイルの
参考にも見ているサイトです。海外の素敵な
暮らしは、見ているだけでワクワクします」

SPUR.JP
https://spur.hpplus.jp

「ファッションも大好きですが、こちらのサ
イトでつい見てしまうのが、フランチェスカ
先生のアモーレ占星術や、水晶玉子先生のフ
ルーツ・フォーチュン。おもしろいです」

madameFIGARO.jp
https://madamefigaro.jp

「旬のファッションから話題のスポットま
で、最先端でモードな情報を得たいときに、
こちらのサイトを参考にします。色使いも
ポップで明るく、見ていて飽きません」

STR/PE DEPARTMENT
https://stripe-department.com

「大人っぽいアイテムをチェックしたいとき
に。ライフスタイルグッズやビューティの商
品もラインナップされているので、ファッ
ションと一緒に参考にします」

FARFETCH
https://www.farfetch.com/jp/

「世界の人気ブランドやショップのアイテム
を一度に見ることができるので、よく開けて
います。セールのときもチェック。物欲を刺
激されてしまうのがたまに悩みです（笑）」

(Tips.2) *Shop*

常に最先端の刺激を受けるアパレルショップ。

〔 H BEAUTY&YOUTH 〕

（FASHION）

「ファッションが大好きなので、アパレルショップに行くことも楽しみのひとつ。アイテムを直接手に取りながら、肌ざわりやニュアンスを確かめます。背が低いことがコンプレックスなので、サイズ感とバランスはしっかりとチェック。そのために、試着は欠かせません。ショップスタッフのスタイリングや、お店の方とのおしゃべりから刺激を受けることもあります。新しい服を買うと、ワクワクしますよね。ショッピングは私のパワーの源でもあるんです」

「この春は裾が短めのコンパクトなトップスなどがおすすめ」と店舗PRの森岡利恵さん。

マミフク

H BEAUTY & YOUTH

住所：東京都港区南青山3-14-17
電話番号：03-6438-5230
営業時間：11:00～20:00
※営業時間の最新情報は公式ホームページをご確認ください。
URL：https://store.united-arrows.co.jp/shop/hby/

人気ブランドを多数セレクトし、ハイエンドなアイテムを提案。「シンプルだけど、他では取り扱っていないデザインが豊富。表参道に用があるときは必ず立ち寄り、毎シーズンチェックしています」

KIJIMA TAKAYUKI

ハットメーカー キジマ タカユキ 代官山

住所：東京都渋谷区恵比寿西2-17-4 イースト代官山 1F
電話番号：03-3770-2174
営業時間：12:00～20:00（水曜休）※臨時休業及び営業時間の
変更があるため、最新情報は公式インスタグラムをご確認ください。
URL：http://www.kijimatakayuki.com/

直営店に併設されるアトリエで、すべての帽子が生み出されている。「持ち運びが可能なアイテムが多く、型くずれもしにくいので重宝しています。シンプルだけど着まわしが利くので、とても便利です」

Aletta Jewelry

住所：東京都港区南青山5-1-25 メゾンドラミア4F
電話番号：03-6427-6951
営業時間：13:00～18:00（月～水曜休）
URL：https://aletta-jewelry.com/

シルバーアクセサリーを中心に、トレンド感溢れる高品質なジュエリーが揃う。「私が愛用しているものは、シンプルで、大ぶりでも軽量。毎日つけていても飽きのこないデザインが気に入っていて、一番重宝しています」

hickory

住所：東京都世田谷区代沢5- 29-17 飯田ハイツ103
電話番号：03-3419-4146
営業時間：13：00～21：00（緊急事態宣言中は13：00～20：00）
Instagram：@hickoryshimokita

Made in USAにこだわった古着を提案。「コンパクトな店内に、ぎゅっと服や小物が詰まっています。一見シンプルでもよく見るとユニークなアイテムが多く、行くたびに刺激をもらっています」

(Tips.3) Friends

周りには、刺激を受ける素敵な友人がたくさん。

（FASHION）

フードデザイナー
中本千尋 さん
Instagram：@chihiro_nakamoto

オーガニックフレンチレストラン、短大の調理師学科アシスタント講師などを経て独立。年齢、国境を越え食を通して日々の暮らしまわりを提案する『DISH（es）』を主宰。野菜やスパイスを使用したメニューを得意とする。ケータリング、カレー屋、料理教室、レシピ監修など多彩に活動。

「好きなものやセンスが似ているんです」

金継ぎした器に盛りつけた
中本さん作の春菊サラダ。

フードデザイナー・中本千尋さんとの出会いは、1年ほど前から通い出した金継ぎ教室。

千尋：持参していた器が全部素敵で。センスのいい人なんだな、というのが第一印象でした。

真実：話しているうちにいろんな偶然が重なっていることに気づいて。好きなものが似ているんだと分かり、すぐ飲みに行きました（笑）。

千尋：必然的な出会いだったんです！

真実：おまみ（真実さん）はいつも穏やかで、太陽みたいな人。隣で常にパワーをもらっています。

千尋：かわいいのに気取らなくて、裏表がないサバサバした性格。一緒にいて気持ちがいいんです。さっと作れる美味しい料理を教えてくれたり、ふたりとも飲んべえなのですが（笑）、ワインにも詳しくて。尊敬できるところがたくさんある、自慢の友人ですね。

マミフク

ディレクター
金子麻貴 さん
Instagram：@mtmmaki

30代女性をターゲットにしたファッション
ブランド〈regleam〉のディレクター兼モデ
ル。またベビー用品を販売する〈tesoro baby〉
のディレクターとしても活躍中。インスタグ
ラムのフォロワーは33万人超え。著書に
『My BASIC＋8割ベーシック2割トレンドの
加え方』（KADOKAWA）がある。

「仕事と子育てを両立する憧れの女性です」

〈regleam〉の新作バッグ。
働く女性にぴったり。

真実：〈regleam〉の展示会
に呼んでいただいたとき初めてお
会いして、佇まいの美しさにびっ
くり。SNSでの発信力もあり、
仕事と子育てを両立する姿に、と
ても感銘を受けました。努力して
いるはずなのに、それを表には出
さないスマートさも素敵。

麻貴：元々うちのスタッフが真実
さんのファンで。実際にお話しし
てみても、とても自然体で笑顔が
本当にキュート。本質というか、
心の美しさが表れてるんだろうな
と思います。

ディレクターとして活躍する金
子麻貴さんとは、5歳の男の子の
ママという共通点がある。

麻貴：ママトークを一緒にできる
のも、すごくうれしいですね。

真実：仕事に子育てにとせわしな
く、私たち、生き急いでるなあと
思います（笑）。

(Tips.4) Books & Web

充実したライフスタイルで過ごすための情報源。

（LIFE STYLE）

① 『肌がきれいになる
石けんオフメイク』
石けんオフメイク研究会／文藝春秋

「最近、肌をきれいにしたくてオイルクレン
ジングをやめたんです。この本を買って勉強
中。オーガニックコスメを使えばオイルを使
う必要がないことを知り、肌再生中です」

② 『Tokyo Eatrip』
野村友里／講談社

「こういう場所もあるんだ！という新鮮な発
見が多い本。今はあまり出かけられないけ
ど、この本をチェックして、外食してみたい
店のレパートリーを増やしています」

③ 『&Premium』No.87 くつろげる部屋に、
整える。／マガジンハウス

「好きなテイストの部屋を多く取材されてい
るので、古材や古道具など自宅のインテリア
の参考にしています。写真がきれいなので、
つい開いては眺めてしまいます」

④ 『&Cooking』料理家たちの、
ふだんの食卓。／マガジンハウス

「料理家さんのレシピは意外とシンプルで、
トライしてみる気になるし、実際に作ってみ
てもほんとに美味しいので、キッチンに常備
しています。収納などの参考書にも」

惹かれるのは無機質さの中に職人のぬくもりを感じたり、古人のこだわりを垣間見
られるもの。「家具やインテリアなど暮らしまわりのものは、ずっと付き合い続け
て、自分とともに育てるものだと思うので、長く愛用できるかどうかを吟味して選
びます。本やネットを参考にしながら、少しずつ好きなものを集めていっています」

マミフク

madameFIGARO.jp

https://madamefigaro.jp/interior/

「インテリアのカテゴリから、器や、部屋と暮らしの特集をよく見ています。華美ではないけれど、部屋にしっくりとなじんでくれそうな器がいつか欲しいなと思っています」

HERS

https://hers-web.jp

「料理家さんたちのおすすめレシピや、いろいろなお店なども紹介されていて参考になります。〝すり鉢レシピ〟など、ユニークな特集も多いので、よくチェックしています」

DAMDAM

https://damdamtokyo.com/ja

「肌は強くないので、自然派コスメは常にチェック。米糠などで作られたスキンケアブランドの製品は安心できるし、このブランドの世界観が好きでよく見ています」

eatrip Soil

https://eatripsoil.com

「お茶やみりんなど、他ではなかなか見ないレパートリーがたくさんあってとても興味深いです。素敵すぎてのぞくとついつい買ってしまう危険なサイトでもあります（笑）」

IDEAS

https://store.united-arrows.co.jp/shop/ua/data/ideas/

「ライフスタイルやビューティ、アートや旅など、さまざまな角度の興味深い記事が載っています。理想の暮らしに思いを馳せながら、ぼんやりと眺めることが多いです」

CosmeKitchen

https://www.cosmekitchen-webstore.jp

「スキンケアやヘアケアなどがとにかく豊富で、オーガニックコスメはここでチェック。気になったものは自分でも購入しますし、友人へのプレゼント探しにも重宝しています」

(Tips.5) Shop

暮らしを豊かにしてくれる、高感度ショップ。

〔AELU (Gallery)〕

（LIFE STYLE）

「本当にいいと思うものを、長く愛用したい。大人になるにつれ、ファッションでも暮らしまわりでもそう感じるようになりました。例えば家具や器を購入するときは、生まれた背景や作家の思いなど、信頼できる方の話しを聞かせてもらいます。料理に関しても同じ。使っている食材や盛りつけた器、店の雰囲気などに世界観が表れると思うので、心地いいと感じる食事を心がけるように。そうすることが結果的に自分を大切にすることにもつながる気がしています」

器への知見が深く、ひとつひとつ丁寧に説明してくれるバイヤーの真子拓也さん。

マミフク

AELU (Gallery)

住所：東京都渋谷区西原3-12-14 西原ビル4F
電話番号：03-6479-1434
営業時間：11:30〜19:00（水・木曜休）
URL：http://www.aelu.jp
Instagram：https://www.instagram.com/aelu_tokyo/

「村上祐仁さん、尾形アツシさん、久保田由貴さん、中園晋作さんなど、素敵な作家さんがAELUで展示された際に少しずつ器を集めて、食卓に華を添えてくれています」

按田餃子

住所：東京都渋谷区西原3-21-2
電話番号：03-6407-8813
営業時間：月〜金曜は10:00〜22:00（現在イートインはラストオーダー19:30、20:00まで）、土・日・祝日は9:00〜22:00（現在イートインはラストオーダー19:30、20:00まで）
URL：https://andagyoza.tumblr.com/

「世界観がとにかく素敵。体にいい食材を使っていて、とてもやさしい店だと思います。油を使わない麻婆豆腐とラガーライス、定番餃子、ターメリックレモネードが好きです！」

DOUGUYA

住所：東京都渋谷区富ヶ谷2-19-8 松濤マンション1F
電話番号：03-5875-8865
営業時間：11:00〜20:00
URL：https://www.demode-furniture.net/douguya/shop/

「広くて光が入るきれいな店。古道具が置いてある隣で職人が作業している姿も見られるので信頼できますし、しっかりケアして発送してくれているという安心感があります」

Salmon & Trout

住所：東京都世田谷区代沢4-42-7
電話番号：080-4816-1831
営業時間：18:00〜24:00（火・水曜休）、土・日曜のランチタイムは不定期営業
URL：http://salmonandtrout.tokyo

「普段、自分ではなかなか調理できないような素材を使った料理や、ペアリングの相性もおもしろく、目から鱗が落ちました。使用している器や盛りつけも素敵で参考にしています」

"オカン"としての私

見守りながら、
いいお手本になれるように

　結婚して1年ほど、約10年間勤めたアパレル会社を退職して2日後に妊娠が判明！ 体調も良好だったので実感もなく、これから自分にどんな変化があるのだろうかと、驚きと不安でいっぱいでした。改めてエコーと心拍音を確認したときは、もう愛しさで涙が止まらなくなり、ようやく実感！

　出産で母と同じ痛みを経験し、母への感謝と尊敬の気持ちがより一層強くなりました。隣に小さな我が子がいるドキドキと、達成感とでアドレナリンが爆発。その日の夜はまったく眠れませんでした。

　3歳のときに言葉の遅れが気になって検査したところ、1歳8か月の言語能力でした。ジェスチャーなどで表現力はある方だったのであまり焦っていなかったのですが、心理士の方から「集団生活の中で自分の意思が伝わらなくて悲しい気持ち、嫌な気持ちになるのは本人なんですよね」と言われ、いろいろな気づきが。私自身もとても勉強になりました。療育の成果もあり、今では見事におしゃべりマン。つまずくこともたくさんあると思いますが、とにかく元気にたくましく育ってほしい！

①陣痛から約18時間、一生懸命産まれてきてくれた息子。　②生後1か月、よく寝てよく笑った赤ちゃん時期。　③1歳のお誕生日。とにかく「かわいい」が止まらない時期。　④2歳、よく走り回って、砂場でどろんこになるのが好きでした。　⑤フィリピン旅行の朝食。一日中プールに入って真っ黒です。　⑥2020年、竹富島と石垣島へ。カヌーの船長になった気分で大興奮。

マミフク

② ①

④ ③

⑥ ⑤

マミフク

おわりに

この数年間で私の服装も、メイクも、髪色も、ずいぶんと変化がありました。それでもずっと変わらずに好きでいるのが、カジュアルミックスのコーディネート。

"今はよくも悪くも情報があふれているので、まわりを見すぎて本来の自分が似合うものから遠ざかっている"といった声をよく聞きます。私もそういう時期がありました。でも「自分らしさ」の軸、まわりから見る自分の印象、"私っぽい"を大切に、トレンドに合わせてサイジングやフォルムをアップデートしていれば、きっとブレない。

この本を手に取っていただいたみなさまにも「自分らしさ」を大切に、ファッションを楽しんでいただければ幸いです。

この本を最後まで見ていただき、ありがとうございました。

SHOP LIST

アレクサンドルドゥパリ GINZA SIX店

03-6264-5442

https://alexandredeparis.co.jp/

J&M DAVIDSON 青山店

03-6427-1810

https://jp.jandmdavidson.com/

Traditional Weatherwear 二子玉川ライズ店

03-6411-7150

https://www.tww-uk.com/

オンワード樫山 お客様相談室窓口

0120-58-6300

https://crosset.onward.co.jp/shop/newans/

FROM FIRST MUSÉE ONLINE STORE カスタマーセンター

06-6949-8866

https://fromfirst.jp/

株式会社アマン

03-6418-6056
https://store.aman.jp/

Borsalino Japan K.K　ボルサリーノ ジャパン

03-5413-3954

MACKINTOSH 青山店

03-6418-5711
https://www.mackintosh.com/

regleam

info@regleam.net
https://regleam.net

RESERVOIR

03-6712-5812
http://reservoir.ltd

石岡真実 （いしおか まみ）

1985年生まれ。青森県出身。某アパレル会社で10年、販売からヴィジュアル
プレス等を経て、現在は様々なブランドとのコラボレーションやPRを手掛け
る。一児の男の子ママ。156cmという低身長を感じさせない、シンプルで着回
しやすいファッションとこだわりのライフスタイル、自然体で飾らない人柄
と、等身大のライフスタイルで多くの女性から人気を集めている。

装丁・本文デザイン：照元萌子

写真：石田真澄（表紙、P6-12、P22、P40、P50、P64-65、P78-79、P94-95、P108-109）
　　　花田 梢

DTP：アズワン

校閲：聚珍社
編集：芹澤雅子
　　　松本昇子
　　　安達 薫

企画：花本智奈美（扶桑社）

小柄な大人の春夏秋冬 ベーシックスタイル手帖

発行日　2021年4月26日　初版第1刷発行

著者　　　石岡真実
発行者　　久保田榮一
発行所　　株式会社 扶桑社
　　　　　〒105-8070
　　　　　東京都港区芝浦1-1-1　浜松町ビルディング
　　　　　電話　03-6368-8885（編集）
　　　　　　　　03-6368-8891（郵便室）
　　　　　www.fusosha.co.jp
印刷・製本　大日本印刷株式会社